주사위 굴려 떠나는 코딩×생성형AI×보드게임

코딩마불 AI여행

MICRO BOOKS

지은이 이종선

한양대학교 언론정보대학원에서 석사학위를 취득한 후, 출판사 에디터로 활동하며 다양한 IT 도서를 기획하고 집필해 왔습니다. 현재는 마이크로북스 출판사에서 독자에게 꼭 맞는 특별하고 완성도 높은 마이크로 콘텐츠를 만드는 데 집중하고 있습니다.

주요 저서

컴퓨터로 만드는 신나는 레고 월드 | 과학실험으로 풀어가는 파우더 토이 프로그래밍 | 컴퓨터로 배우는 재미있는 한국사 | 사이툴로 그리는 재미있는 미술교실 | 스마트하게 배우는 한글 2007 | 스마트한 생활을 위한 파워포인트 2010 | 엑셀 2010 | 스마트폰 기초 | 스마트폰 활용 | SNS 소셜미디어 | 컴퓨터 셀프 정비하기 | 정보와 활용 | 뚝딱뚝딱 배우는 인터넷 | 상상력을 더하는 환상의 레고 랜드

초판 1쇄 발행_ 2025년 08월 15일

지은이 이종선
발행인 이종선
총편집인 마이크로콘텐츠팀
스토리보드 유태양
표지&편집디자인 앨리슨귤

발행처 마이크로북스
주소 서울특별시 동대문구 외대역동로 63-27
전화 070-7954-3156
출판신고 2020년 1월 31일 제 2020-000013호/ ISBN 979-11-974621-3-9

마이크로북스 홈페이지 www.microbooks.co.kr 이메일 microbooks@naver.com
유튜브 채널 www.youtube.com/@microbooks

이책은 저작권법에 따라 보호받는 저작물이므로 무단전재와 무단 복제를 금지하며, 이 책 내용의 전부 또는 일부를 이용하려면 반드시 저작권자와 마이크로북스의 서면동의를 받아야 합니다.

※ 잘못된 책은 구입하신 서점에서 교환해 드립니다.

PREFACE

코딩마불 AI여행에 오신 것을 환영합니다.

컴퓨터와 인터넷 중심의 정보화 시대를 지나, 우리는 이제 인공지능이 일상에 깊이 스며든 지능화 시대로 나아가고 있습니다. 많은 사람들이 "AI가 사람을 대체할까?"라는 걱정을 하지만, 이 책은 그보다 더 중요한 질문, "인공지능 시대에 인간이 할 수 있는 일은 무엇일까?"에 대해 함께 생각해보고자 합니다.

이 책은 겨울방학 동안 우리 집 초등학생 아들과 보드게임을 하던 중, 게임판 위를 움직이는 말이 마치 코딩 속 오브젝트처럼 보였던 순간에서 출발했습니다. 이 경험을 계기로 보드게임을 코딩으로 구현해보고, 나아가 인공지능 기술과 생성형 AI를 활용해 나만의 스토리 데이터를 만드는 과정을 책 속에 담았습니다. 코딩마불 AI여행은 단순히 기술을 배우는 책이 아닙니다. 블록 코딩을 활용해 게임을 만들고, 생성형 AI를 통해 창의적인 콘텐츠를 스스로 만들어보는 체험 중심의 여정입니다. 책을 끝마칠 즈음에는 여러분도 직접 아이디어를 구상하고, AI와 함께 스토리를 만들어내는 작은 창작자가 되어 있을 것입니다. 또한, 이 책의 실습이 더 풍성해질 수 있도록 생성형 AI 교육 플랫폼과 협업하였습니다. 진심 어린 감사를 투닝(Tooning), 아트구루(Artguru), 그리고 엔트리(Entry) 팀에 전합니다.

이제, 우리 모두 함께 코딩마불 게임판 위에서 인공지능과의 즐거운 여행을 시작해 볼까요?

마이크로북스
이종선 드림

이책의 구성

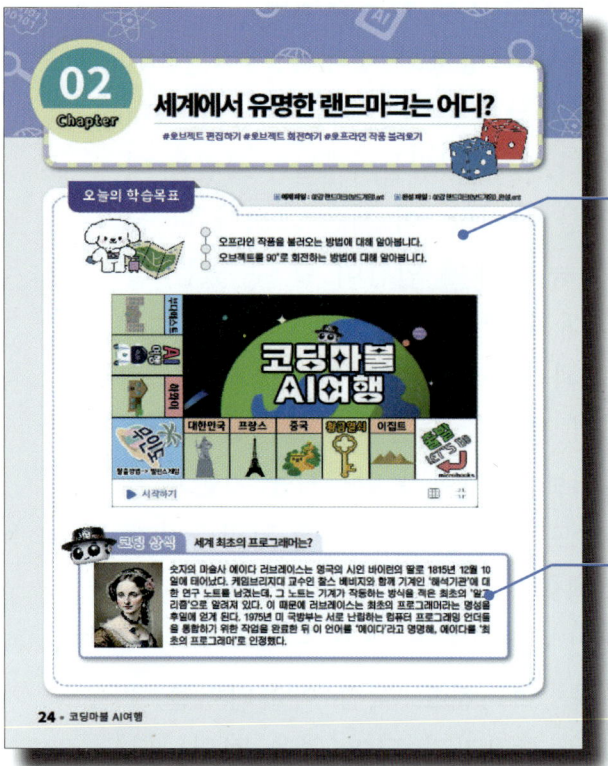

콘텐츠zone
각 단원의 필수 기능과 학습 목표를 통해 학습할 내용을 미리 확인하고, 완성된 콘텐츠 예시를 통해 효과적으로 학습을 준비할 수 있도록 구성했습니다.

상식zone
코딩과 인공지능의 개념을 이해하기 쉽게 설명하여, 새로운 기술의 원리를 자연스럽게 익힐 수 있도록 했습니다.

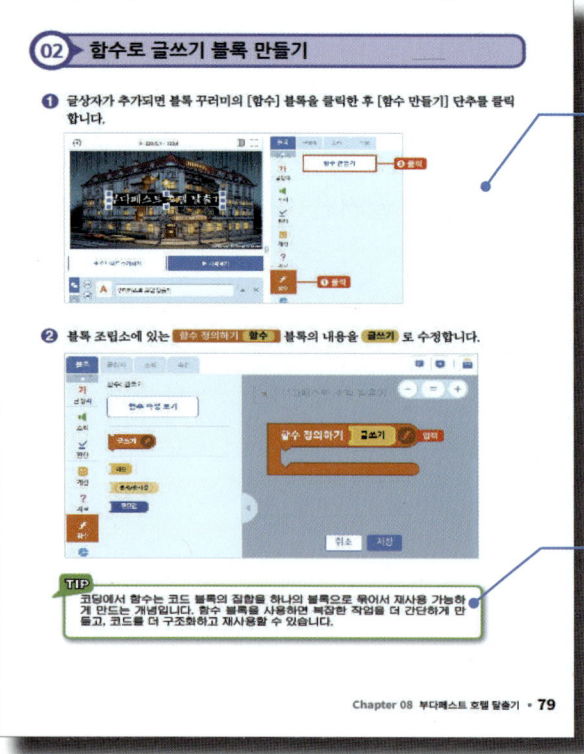

플레이zone
주제 중심의 예제를 통해 문제를 창의적으로 이해하고, 따라 하기 방식으로 주요 기능을 익히며 작품을 완성할 수 있도록 자세히 안내했습니다.

더보기zone
주요 기능을 한눈에 정리하여 정확한 이해를 돕고, 본문에서 다루지 못한 내용은 별도로 추가 설명해 학습의 깊이를 더했습니다.

CONTENTS

메이킹 zone
각 단원에서 학습한 내용을 바탕으로 창의적인 스토리와 실제 사회 문제를 작품으로 구현하면서, 학습자가 스스로 생각하고 해결하는 힘을 기를 수 있도록 구성했습니다.

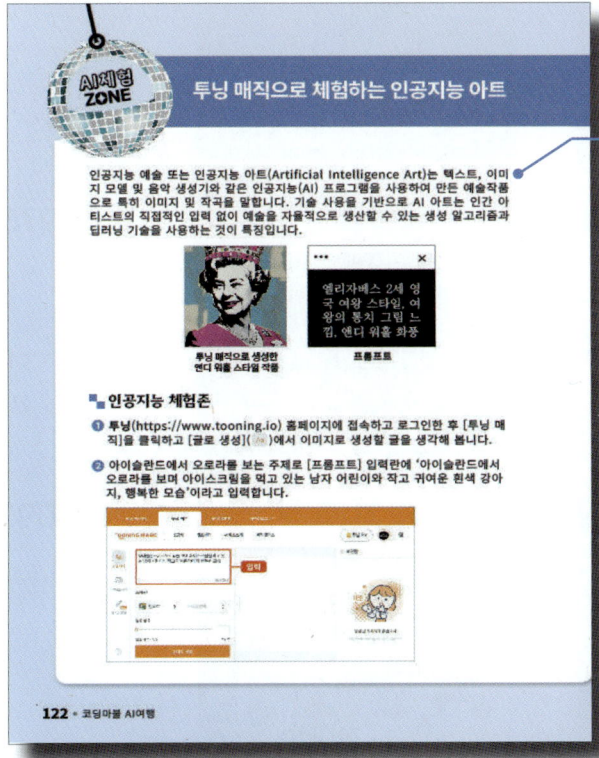

체험 zone
인공지능 윤리와 생성형 AI의 개념 및 기술 원리를 학습하고 직접 체험할 수 있는 플랫폼을 통해, 기술을 올바르게 활용하는 방법까지 함께 익힐 수 있도록 했습니다.

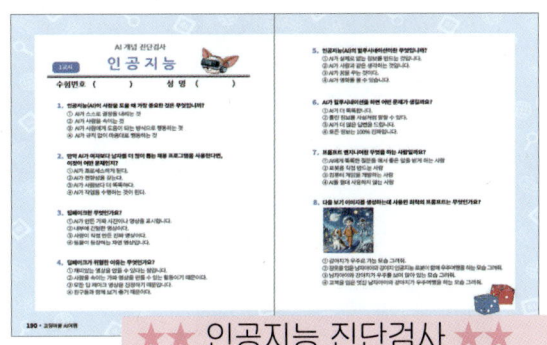

★★ 인공지능 진단검사 ★★

목차

PART 01 코딩 유니버스

01 보드게임으로 지구 여행 출발 ········ 016

02 세계에서 유명한 랜드마크는 어디? ···· 024

03 주사위 굴려 프랑스로 이동 ········ 030

04 프랑스가 45만 원이라면? ········ 038

05 마추픽추에서 근정전으로 순간 이동 ···· 046

06 무인도에서 밸런스 게임 ··········· 055

07 하와이 별장에 도착한 수상한 라면상자 ···· 065

08 부다페스트 호텔 탈출기 ··········· 076

09 404호 객실의 요란한 불빛 끄기 ······ 088

10 호텔 탈출 30초 전 ··············· 099

CONTENTS

★★ 인공지능 진단검사 ★★

PART 02 AI 유니버스

11 투닝GPT로 인공지능 윤리 퀴즈 만들기 ·· 114

12 투닝 매직으로 체험하는 인공지능 아트 ·· 122

13 AI 투닝으로 영어 속담 웹툰 만들기 ·· 124

14 생성형 AI를 현명하게 활용하기 ····· 136

15 인공지능으로 만드는 영어 속담 번역기 ···· 138

16 아트구루로 체험하는 프롬프트 엔지니어 ·· 146

17 인공지능으로 춤추는 레서 판다 ········ 148

18 딥페이크 기술의 발전과 위험성 ····· 158

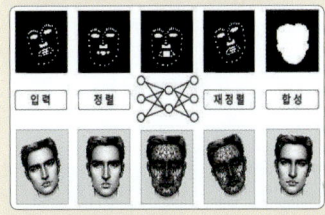

19 AI로 분류하는 신선한 감자 vs 불량 감자찾기·· 160

20 데이터로 분석한 미세먼지의 습격 ·· 176

엔트리 회원 가입하기

① 엔트리(https://playentry.org) 홈페이지에 접속한 후 [로그인] 단추를 클릭합니다.

② 로그인 화면이 나타나면 화면 하단의 [회원가입하기 >]를 클릭합니다.
③ 이용약관과 개인정보 처리방침을 확인한 후 모두 클릭한 다음 [아이디로 회원가입]을 클릭합니다.

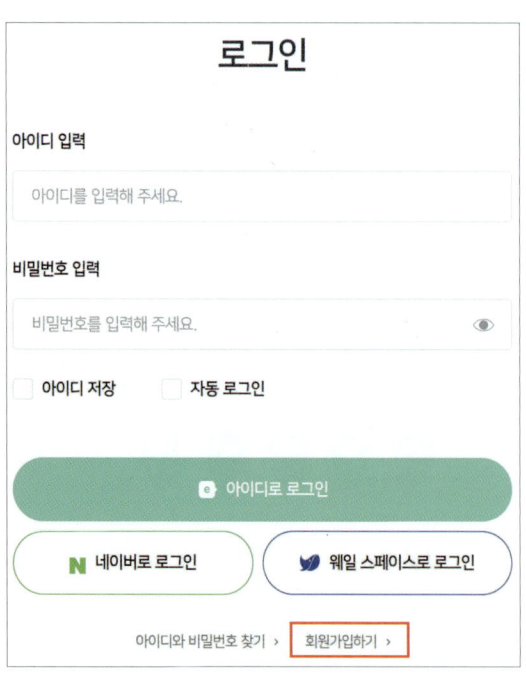
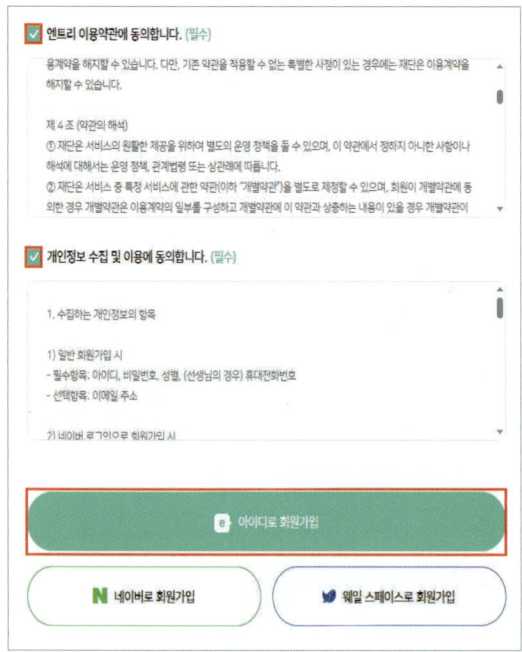

④ 엔트리에서 사용할 아이디와 비밀번호를 입력한 후 [다음] 단추를 클릭합니다.

⑤ 회원정보 입력에서 회원 유형, 성별, 닉네임, 출생연도, 이메일을 입력하고 [확인] 단추를 클릭합니다. (출생연도가 만 14세 미만인 학생은 보호자와 함께 입력합니다.)

⑥ 엔트리 회원 가입하기가 끝나면 그림과 같은 화면이 나타납니다. (아래 입력한 이메일로 이동하여 메일을 인증합니다.)

회원 가입을 하면 마이 페이지에서 내가 만든 작품을 확인할 수 있습니다.

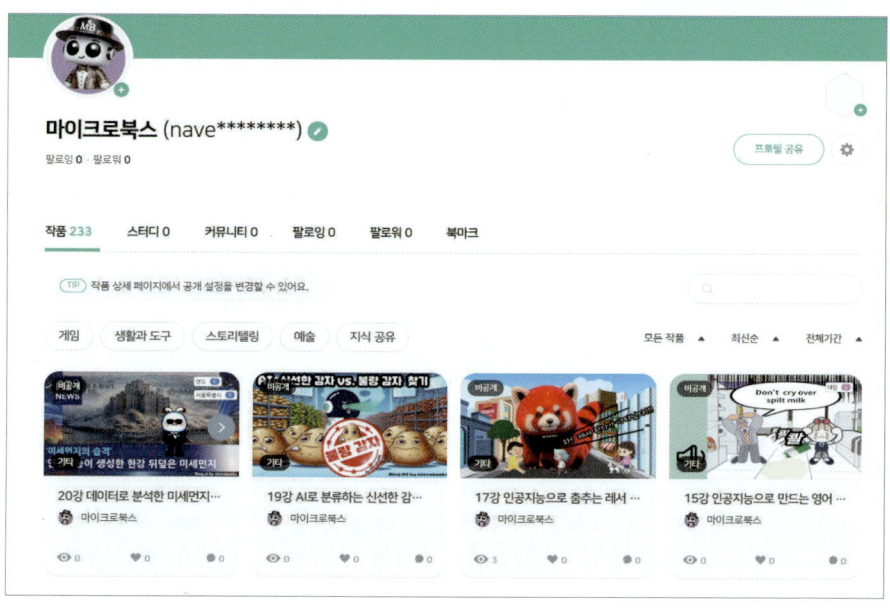

투닝 회원 가입하기

① 투닝(https://tooning.io) 홈페이지에 접속한 후 [회원가입] 단추를 클릭합니다.

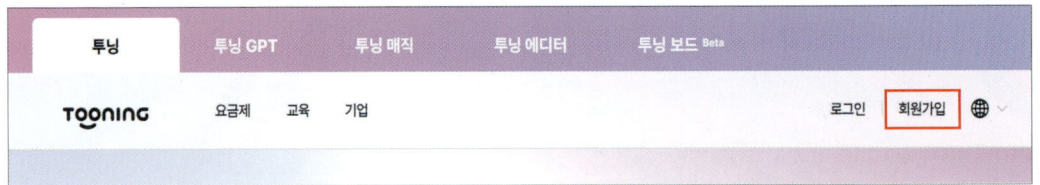

② 회원가입 화면에서 [이메일 계정으로 가입하기]를 클릭합니다.
③ 회원가입에 필요한 (필수) 항목을 읽고 동의합니다.
④ 이름, 이메일, 비밀번호를 입력한 후 가입할 이메일 인증을 완료하여 투닝을 시작합니다.

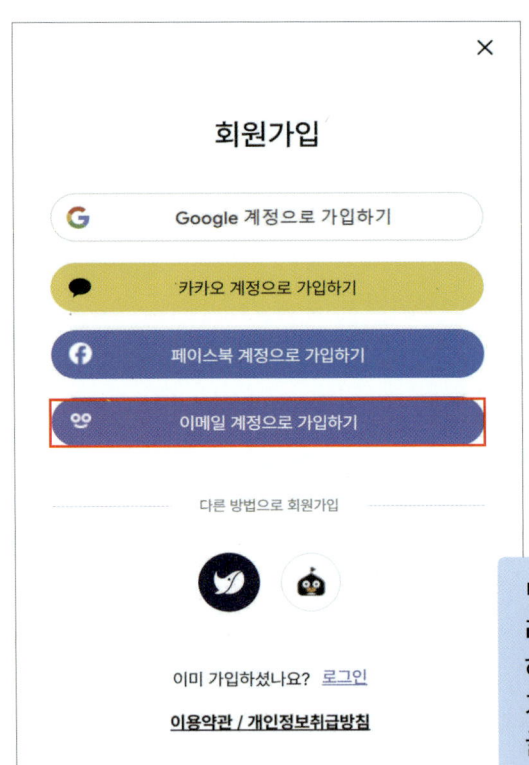

> 만 13세 미만 사용자의 경우 법정대리인과 함께 '이메일 계정으로 가입하기'로 진행합니다. 구글 계정으로 가입하기를 원하면 이메일 계정에 구글 계정을 입력한 다음 이메일 인증 절차 완료 후 가입이 가능합니다.

투닝 가이드
투닝은 무료 버전과 교육용 Pro 버전이 있습니다. 무료 버전은 매일 투닝 GPT 10회, 투닝 에디터 작업물 생성 3개, 보드 생성 5개, 투닝 매직 이미지 생성 5개를 무료로 사용할 수 있습니다.

엔트리 화면 구성 살펴보기

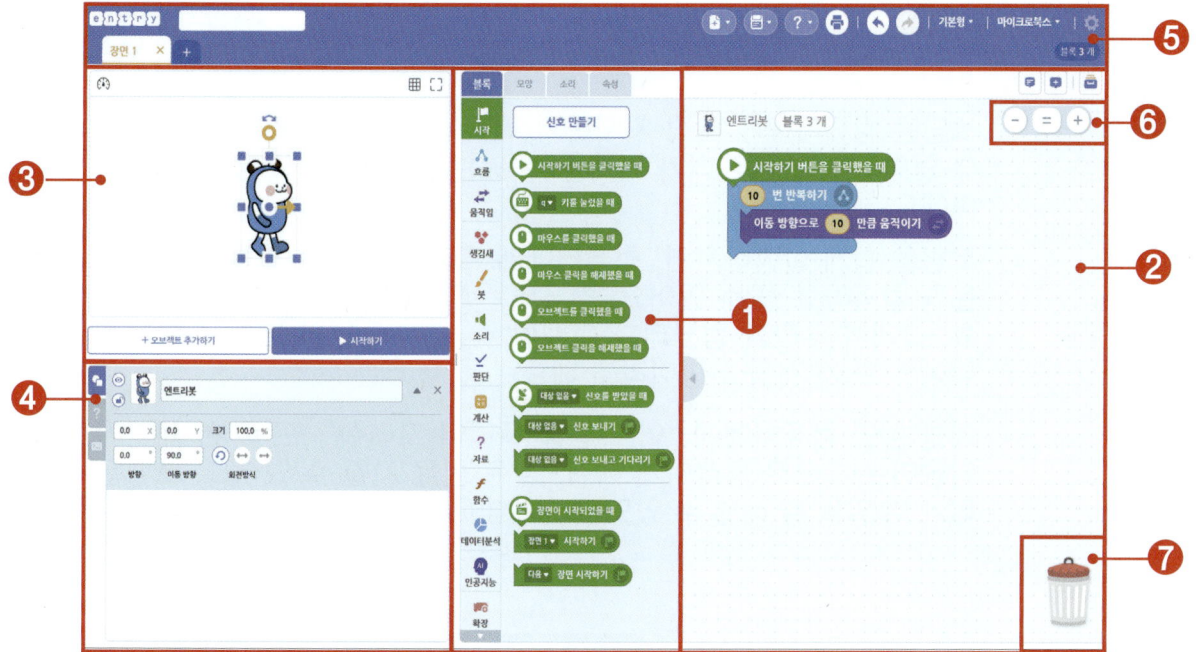

① **블록 꾸러미** : 블록 꾸러미에서 필요한 블록을 찾을 수 있습니다.

② **블록 조립소** : 블록 꾸러미에서 찾은 블록을 드래그하여 블록 조립소에서 조립할 수 있습니다.

③ **실행 화면** : 블록 조립이 끝나면 작품을 실행하여 화면에서 볼 수 있습니다.

④ **오브젝트 목록 탭** : 오브젝트를 추가하거나 삭제 및 방향, 회전방식 등을 변경할 수 있습니다.

⑤ **상단 메뉴** : 새로 만들기/작품 불러오기, 작품 저장하기, 도움말, 출력하기, 되돌리기/되살리기 기능을 사용할 수 있습니다.

⑥ **블록 크기 조정** : 블록 조립소에 연결한 블록을 축소 또는 확대할 수 있습니다.

⑦ **휴지통** : 필요 없는 블록은 휴지통으로 드래그하여 삭제할 수 있습니다.

Hello! 마이크로봇 코딩에 대해 알려줘

챗마이크로봇 ∨

코딩이란?

코딩은 컴퓨터에게 직접 지시하기 위해 작성하는 일종의 "언어"로, 사람의 언어가 아닌 컴퓨터가 이해할 수 있는 형식으로 명령을 전달하는 과정이에요.

코딩을 쉽게 설명하자면, 컴퓨터에게 우리가 원하는 일을 하도록 명령하는 방법이라고 할 수 있어요. 컴퓨터는 우리처럼 생각하거나 말하지 못해요. 그래서 우리가 컴퓨터가 이해할 수 있는 특별한 언어로 지시를 내려줘야 해요. 이것을 코딩이라고 해요.

예를 들면 컴퓨터에게 "이 그림을 똑같이 그려줘" 또는 "이 게임에서 주인공이 왼쪽으로 움직이게 해줘" 같은 일을 시킬 수 있어요. 코딩은 컴퓨터가 이 일을 잘 해낼 수 있도록 순서대로 차근차근 설명하는 과정이에요.

코딩을 배우면 무엇을 할 수 있어요?

1. 게임 만들기: 좋아하는 캐릭터가 등장하는 게임을 직접 만들어 볼 수 있어요.
2. 로봇 조종하기: 코딩을 사용해서 로봇이 움직이게 할 수 있어요.
3. 웹사이트 만들기: 친구들이 볼 수 있는 웹페이지를 꾸밀 수 있어요.
4. 문제 해결하기: 수학 문제를 자동으로 풀거나, 반복적인 일을 쉽게 처리할 수 있어요.

코딩은 왜 재미있을까?

코딩을 하면 내가 원하는 대로 컴퓨터가 움직이고 반응해요. 마치 비밀 암호를 사용해서 내가 원하는 것을 만들어낼 수 있는 것과 같아요. 친구들과 함께 새로운 게임이나 앱을 만들거나 그림처럼 색을 채우고 움직임을 추가하는 걸 즐길 수 있답니다. 그러니까 코딩은 상상력을 발휘해서 컴퓨터가 내 생각을 따라 하게 만드는 재미있는 작업이에요.

챗마이크로봇 ∨

프로그래밍 언어를 몰라도 코딩을 할 수 있나요?

프로그래밍 언어를 몰라도 블록 코딩을 통해 컴퓨터에게 명령을 주는 방법을 아주 쉽게 배울 수 있어요. 일반적인 코딩은 글자나 숫자로 코드를 써야 하지만, 블록 코딩은 마치 레고 블록처럼 색깔 있는 블록들을 끼워 맞추며 프로그래밍할 수 있어서 초보자도 쉽게 배울 수 있어요.

- 블록 코딩 | 엔트리(Entry)   ▪ 프로그래밍 언어 | 파이썬(Python)

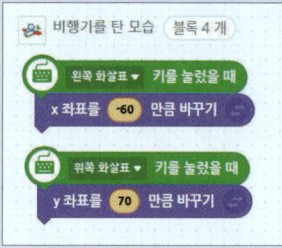

코딩은 왜 재미있을까?

코딩을 배우는 이유는 많지만, 쉽게 말해서 미래에 필요한 중요한 기술을 미리 배우고, 재미있게 문제를 해결하는 법을 익힐 수 있기 때문이에요.

1. 문제를 해결하는 힘 키우기
코딩은 문제를 해결하는 방법을 배울 수 있게 도와줘요. 예를 들어, 게임 속 캐릭터가 벽에 부딪힐 때 어떻게 벽을 피해서 움직일 수 있을지를 생각하며 문제를 해결하는 거죠.

2. 논리적이고 창의적인 사고 능력 기르기
코딩을 하다 보면 내가 상상한 것들을 컴퓨터로 직접 만들어 볼 수 있어요. 예를 들어, 새로운 게임이나 이야기를 만들면서 창의력을 발휘하게 되고, 논리적으로 생각하는 법도 배우게 돼요.

3. 미래에 컴퓨터나 로봇을 잘 다루는 사람들이 많아질 거예요. 코딩은 컴퓨터와 소통하는 방법이기 때문에 나중에 어른이 되어서도 큰 도움이 돼요.

PART 01 The Universe

코딩 유니버스

엔트리 코딩 콘텐츠에서 다양한 이야기가 펼쳐지는 가상의 블록 코딩 세계

01 보드게임으로 지구여행 출발!

#보드게임 만들기 #오브젝트 추가&삭제 #오브젝트 크기 변경

오늘의 학습목표

■ 예제 파일 : 01강 보드게임.ent　　■ 완성 파일 : 01강 보드게임_완성.ent

- 오브젝트를 추가하고 삭제하는 방법에 대해 알아봅니다.
- 오브젝트 파일을 불러오기 및 이동하는 방법에 대해 알아봅니다.

코딩 상식 오브젝트란?

블록 코딩에서 개체(Object)는 프로그래밍의 기본 단위로서, 현실 세계의 사물이나 개념을 컴퓨터 코드로 표현한 것입니다. 쉽게 말해 오브젝트는 특정한 속성(정보)과 행동(동작)을 가진 독립적인 사물이라고 생각하면 됩니다. 예를 들어, 게임 개발을 위한 블록 코딩 환경에서 오브젝트는 주인공 캐릭터, 적 캐릭터, 배경 요소 등 다양한 개체가 될 수 있습니다.

01 오브젝트 추가하기

1. 보드게임 말판을 만들기 위해 [+ 오브젝트 추가하기] 단추를 클릭합니다.

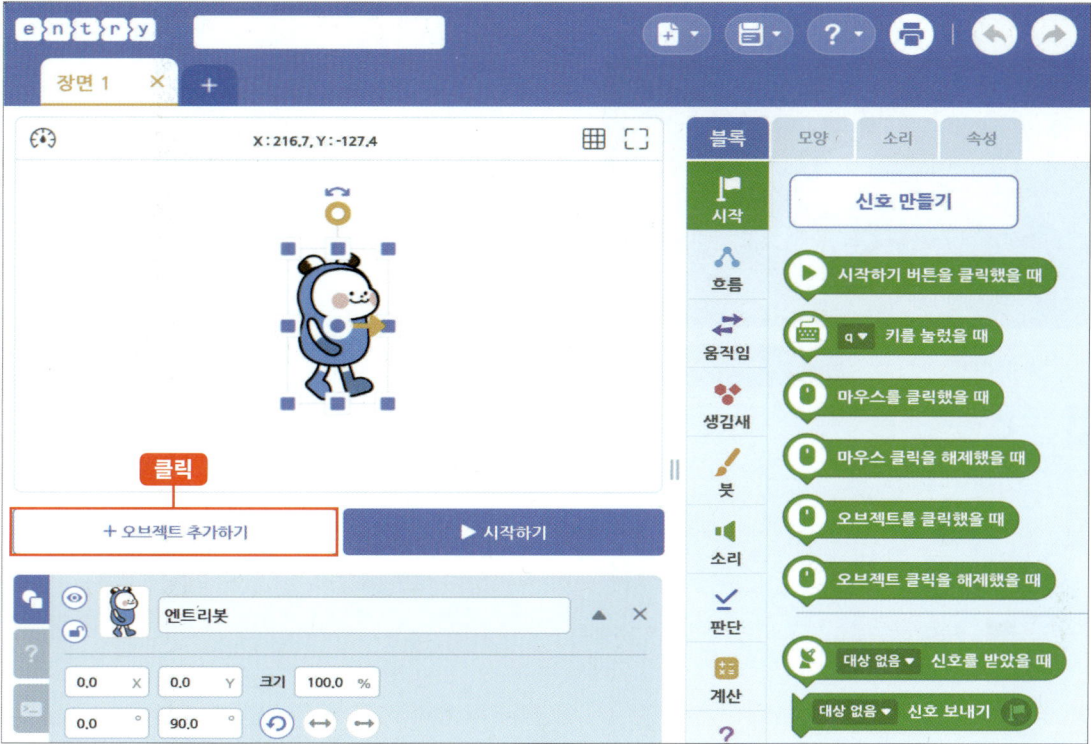

2. 오브젝트 선택에서 [배경] - [우주(2)] 오브젝트를 선택하고 [추가하기] 단추를 클릭합니다.

02 오브젝트 삭제하기

❶ 우주 배경이 추가되면 엔트리봇을 삭제하기 위해 오브젝트 목록에서 삭제(☒) 단추를 클릭합니다.

❷ 그림과 같이 엔트리봇이 삭제되면 보드게임판 이미지를 추가하기 위해 [오브젝트 추가하기] 단추를 클릭합니다.

> **TIP**
> 오브젝트 편집이 안 될 때는 잠금 버튼(🔒)을 눌러 잠금을 해제(🔓)한 후 편집할 수 있습니다.

03 파일 올리기

1. 오브젝트 추가하기에서 [파일 올리기] 탭을 클릭한 후 나타난 [파일 올리기](⬆) 단추를 클릭합니다.

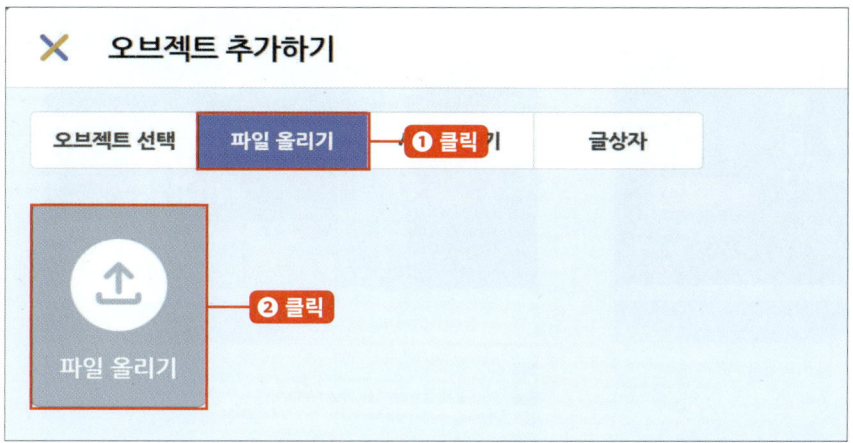

2. 그림과 같이 [열기] 창이 나타나면 파일이 저장된 위치를 선택한 후 [01강_보드게임판(이미지)] 파일을 선택한 다음 [열기] 단추를 클릭합니다.

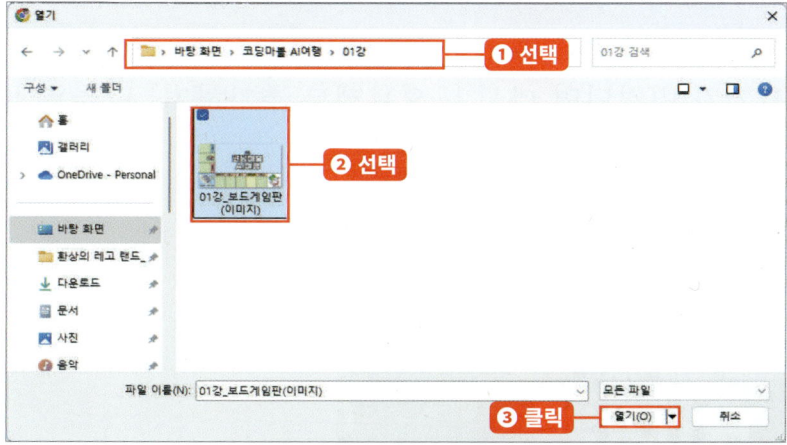

3. 그림과 같이 보드게임판 오브젝트가 나타나면 오른쪽 상단의 [추가하기] 단추를 클릭합니다.

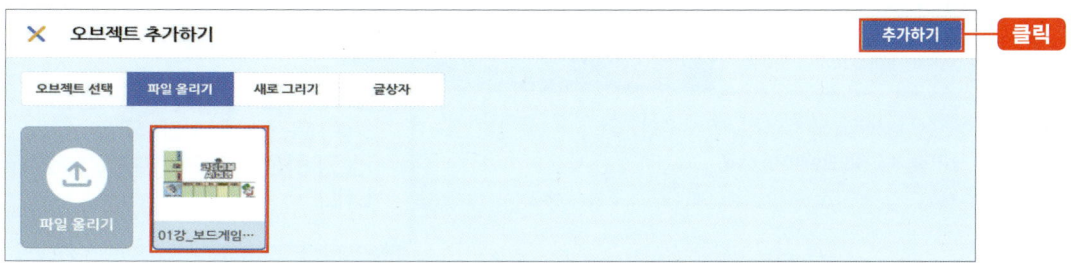

Chapter 01 보드게임으로 지구여행 출발! • 19

04 오브젝트 크기 변경하기

❶ 추가된 '보드게임판' 오브젝트의 크기를 변경하기 위해 테두리에 표시된 크기 조절점(■)을 실행 화면 크기만큼 드래그합니다.

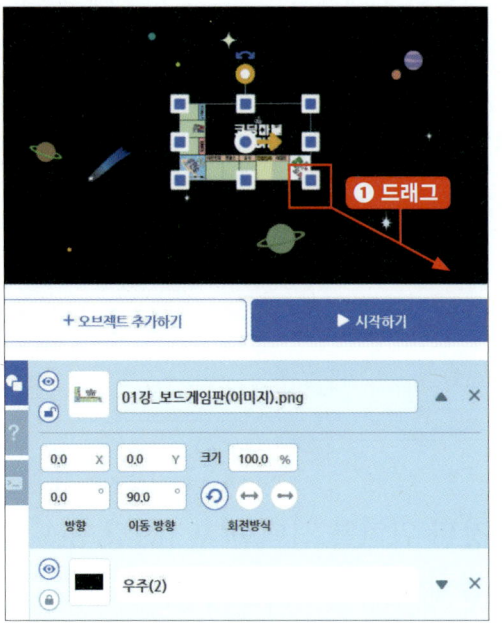
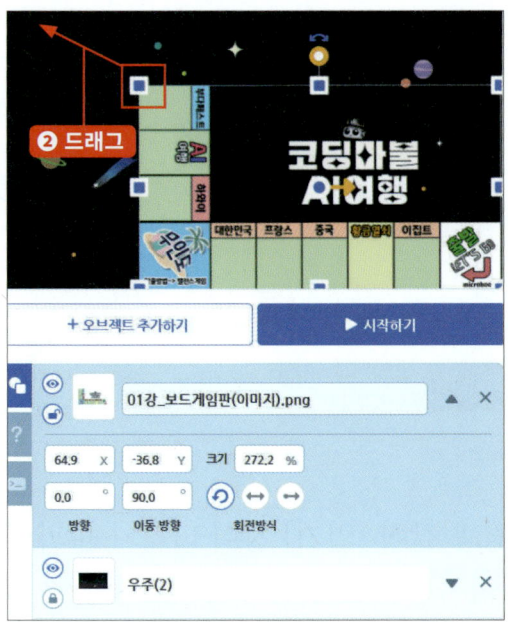

❷ 그림과 같이 오브젝트 크기가 변경되면 다시 [+오브젝트 추가하기] 단추를 클릭합니다.

TIP 오브젝트의 크기 조절점(■)을 상·하·좌·우로 드래그하여 크기를 변경합니다.

❸ 오브젝트 선택에서 [환경] - [태양계-지구] 오브젝트를 선택하고 [추가하기] 단추를 클릭합니다.

❹ 추가된 '태양계-지구' 오브젝트의 크기를 변경하기 위해 크기 조절점(■)을 드래그하여 그림과 같이 크기를 조절합니다.

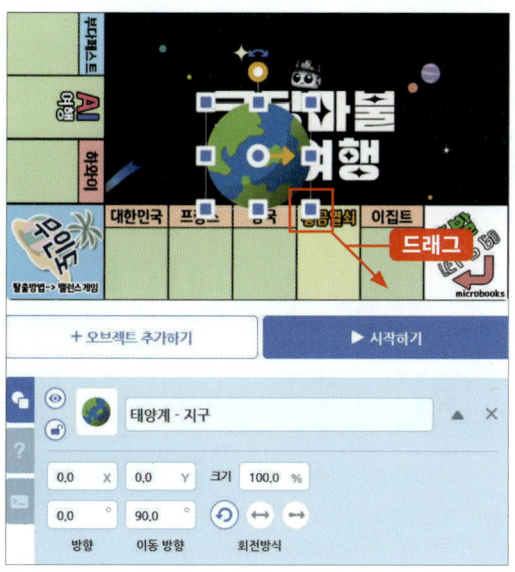
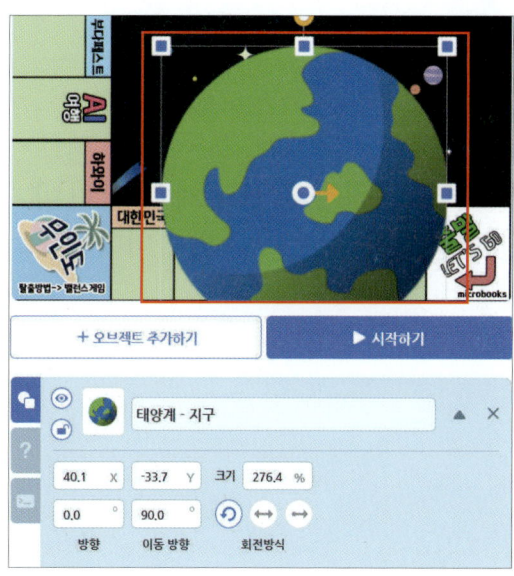

Chapter 01 보드게임으로 지구여행 출발! • 21

05 오브젝트 순서 변경하기

❶ 오브젝트 목록에서 순서를 변경하기 위해 [태양계 - 지구] 오브젝트에서 [마우스 오른쪽 버튼]을 클릭하여 나타난 목록에서 [아래로 옮기기]를 클릭합니다.

❷ 그림과 같이 '태양계-지구' 오브젝트가 아래로 옮겨져 보드게임 말판이 완성된 것을 확인할 수 있습니다.

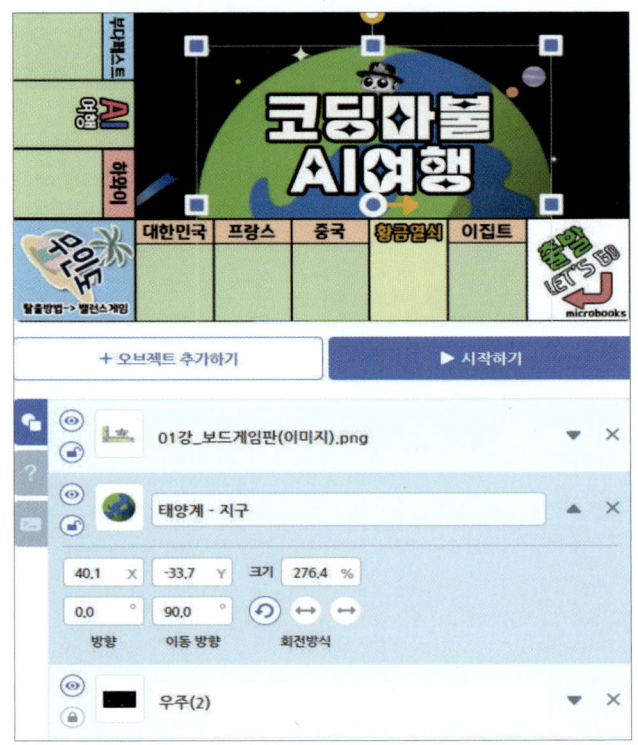

Chapter 01

코딩메이킹존

▣ 예제 파일 : 01강 간식 게임.ent

1 오브젝트를 추가하여 간식 게임판을 만들어 봅니다.

2 간식표에 같은 종류의 간식이 들어가지 않도록 간식 종류에서 그림을 보고 남은 간식을 넣어 봅니다.

간식 보기

① 아이스크림
② 사탕
③ 젤리

Chapter 01 보드게임으로 지구여행 출발! • **23**

02 Chapter 세계에서 유명한 랜드마크는 어디?

#오브젝트 편집하기 #오브젝트 회전하기 #오프라인 작품 불러오기

 **오늘의 학습목표**

▣ 예제 파일 : 02강 랜드마크(보드게임).ent   ▣ 완성 파일 : 02강 랜드마크(보드게임)_완성.ent

○ 오프라인 작품을 불러오는 방법에 대해 알아봅니다.
○ 오브젝트를 90°로 회전하는 방법에 대해 알아봅니다.

 **코딩 상식**   세계 최초의 프로그래머는?

 숫자의 마술사 에이다 러브레이스는 영국의 시인 바이런의 딸로 1815년 12월 10일에 태어났습니다. 케임브리지대 교수인 찰스 베비지와 함께 기계인 '해석기관'에 대한 연구 노트를 남겼는데, 그 노트는 기계가 작동하는 방식을 적은 최초의 '알고리즘'으로 알려져 있습니다. 이 때문에 러브레이스는 최초의 프로그래머라는 명성을 후일에 얻게 됩니다. 1975년 미국방부는 서로 난립하는 컴퓨터 프로그래밍 언더들을 통합하기 위한 작업을 완료한 뒤 이 언어를 '에이다'라고 명명해, 에이다를 '최초의 프로그래머'로 인정했습니다.

01 오프라인 작품 불러오기

❶ 오프라인에서 작품을 불러오기 위해 상단 메뉴에서 [불러오기]( ) - [오프라인 작품 불러오기]를 클릭합니다.

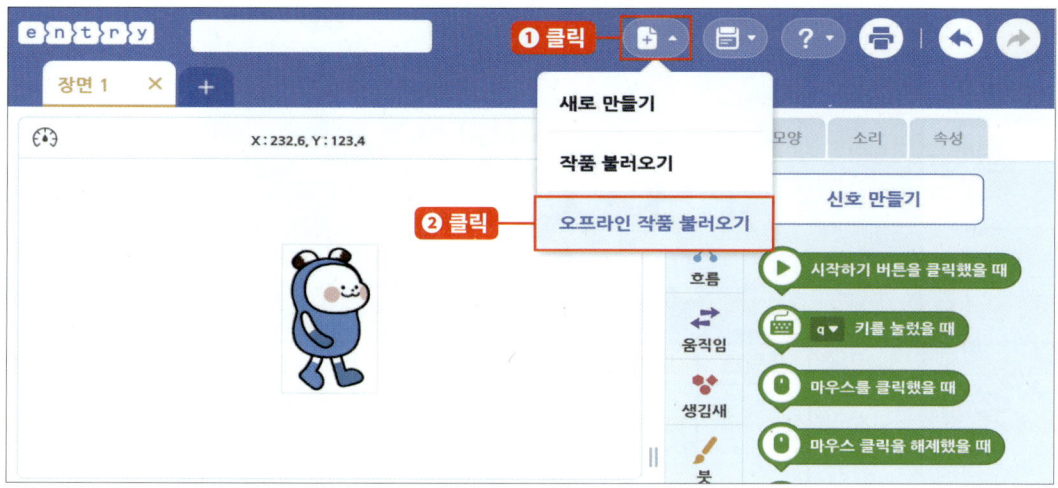

❷ 그림과 같이 [열기] 창이 나타나면 파일이 저장된 위치를 선택한 후 [02강 랜드마크(보드게임)]을 선택하고 [열기] 단추를 클릭합니다.

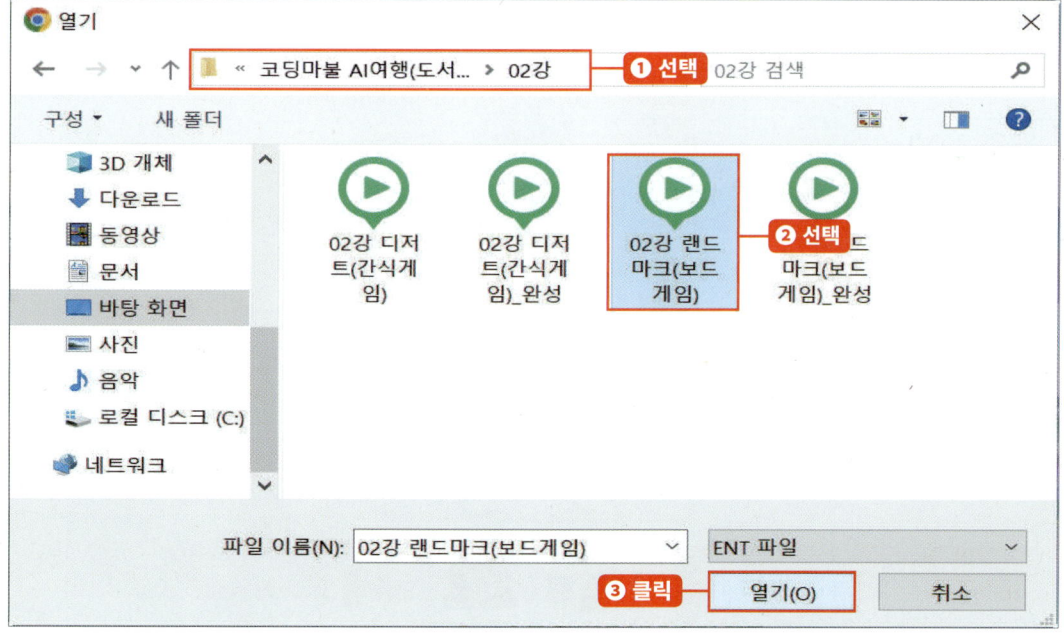

02 오브젝트 편집하기

❶ 불러온 작품에 '건물' 오브젝트를 추가하기 위해 [+ 오브젝트 추가하기] 단추를 클릭합니다.

❷ 오브젝트 선택에서 [건물] - [피라미드] 오브젝트를 선택한 후 [추가하기] 단추를 클릭합니다.

❸ 추가한 [피라미드] 오브젝트의 크기 조절점(■)을 드래그하여 크기를 작게 조절한 후 그림과 같은 위치로 이동시킵니다.

❹ 위와 같은 방법으로 대한민국, 프랑스, 중국의 랜드마크와 황금열쇠 오브젝트를 추가합니다.

TIP
오른쪽 상단의 검색창([열쇠 🔍])에서 검색할 오브젝트 이름을 입력하여 오브젝트를 빠르게 찾을 수 있습니다.

Chapter 02 세계에서 유명한 랜드마크는 어디? • **27**

03 오브젝트 회전하기

① 오브젝트를 회전하기 위해 [별장] 오브젝트를 추가하고 오브젝트 목록의 [방향]에 '90'을 입력하여 방향을 회전합니다.

② 회전한 '별장' 오브젝트의 크기 조절점(■)을 드래그하여 크기를 작게 조절한 후 그림과 같은 위치로 이동시킨 다음 AI여행, 부다페스트에도 같은 방법으로 오브젝트를 추가합니다.

TIP
오브젝트의 회전(⟳)을 드래그하여 개체를 자유롭게 회전할 수 있습니다.

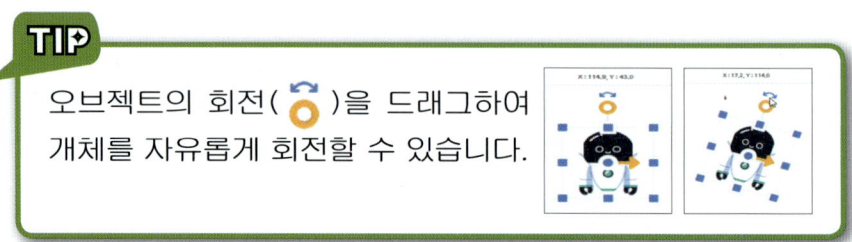

Chapter 02

코딩메이킹존

■ 예제 파일 : 02강 디저트(간식 게임).ent

1 음식 오브젝트에서 간식 게임에 필요한 오브젝트를 추가해 봅니다.

2 컴퓨터의 모든 정보를 나타내는 숫자(0, 1)로 모눈종이에 이미지를 만들어 봅니다.(흰색 = 0, 검은색 = 1)

0	0	0	0	0	0	0	0	0
0	0	0	1	0	1	0	0	0
0	0	1	1	1	1	1	0	0
0	1	1	1	1	1	1	1	0
0	0	1	1	1	1	1	0	0
0	0	0	1	1	1	0	0	0
0	0	0	0	1	0	0	0	0
0	0	0	0	0	0	0	0	0

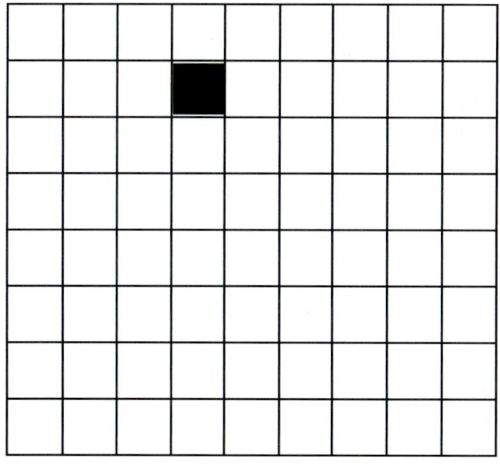

> **컴퓨터는** …▶
> 숫자, 문자, 그림, 소리 같은 정보를 0과 1로 변환하여 생성하고 처리합니다.

Chapter 02 세계에서 유명한 랜드마크는 어디? • **29**

03 Chapter 주사위 굴려 프랑스로 이동

#보드게임 시작하기 #주사위 굴리기 #X, Y 좌표 코딩하기

오늘의 학습목표

■ 예제 파일 : 03강 주사위(보드게임).ent   ■ 완성 파일 : 03강 주사위(보드게임)_완성.ent

블록을 연결하고 실행하는 방법에 대해 알아봅니다.
X 좌표, Y 좌표로 움직이는 방법에 대해 알아봅니다.

코딩 상식 무대에서 X 좌표와 Y 좌표란?

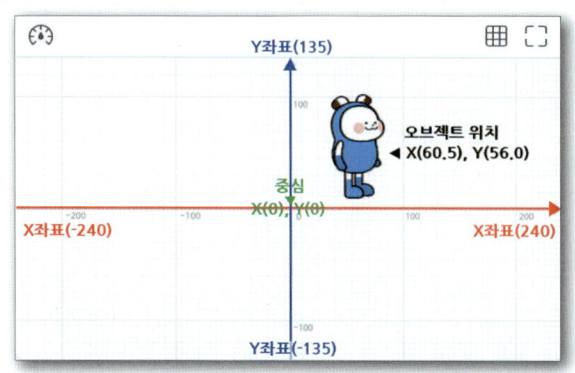

무대는 X축과 Y축으로 이루어져 있으며, X축은 가로(왼쪽-오른쪽) 방향 -240~240, Y축은 세로(위-아래) 방향 -135~135로 이루어져 있습니다. 오브젝트 즉, 캐릭터나 물체가 원하는 위치로 쉽게 이동하도록 X, Y 값을 입력하거나 오브젝트의 정보값을 수정하여 위치를 설정할 수 있습니다.

30 • 코딩마불 AI여행

01 보드게임 말판 불러오기

❶ 엔트리 계정에 로그인한 후 상단 메뉴에서 [불러오기]( ) - [오프라인 작품 불러오기]를 클릭하여 '03강 주사위(보드게임).ent' 파일을 불러옵니다.

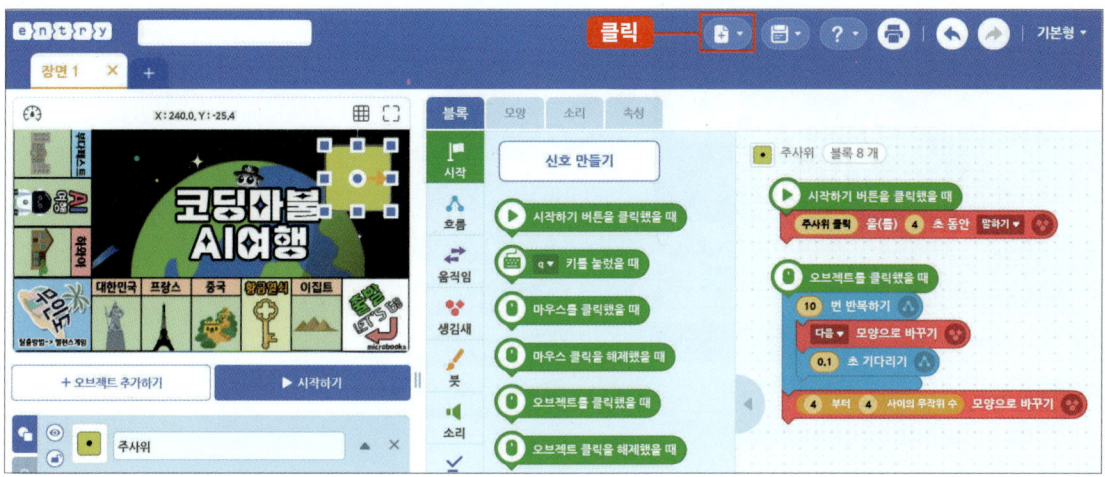

❷ 보드게임을 시작하기 위해 오브젝트 추가하기에서 플레이어가 사용할 '말'을 추가한 후 크기 조절점 ( )으로 크기를 작게 조절한 다음 출발 위치로 이동합니다.

Chapter 03 주사위 굴려 프랑스로 이동 • **31**

02 (X, Y) 좌표로 오브젝트 움직이기

① '말' 오브젝트를 앞으로 움직이기 위해 블록 꾸러미에서 [시작] - `q▼ 키를 눌렀을 때` 블록을 드래그하여 블록 조립소에 연결한 후 [목록 상자](▼) 단추를 클릭합니다.

② 그림과 같이 나타난 목록 상자에서 [왼쪽 화살표]를 클릭합니다.

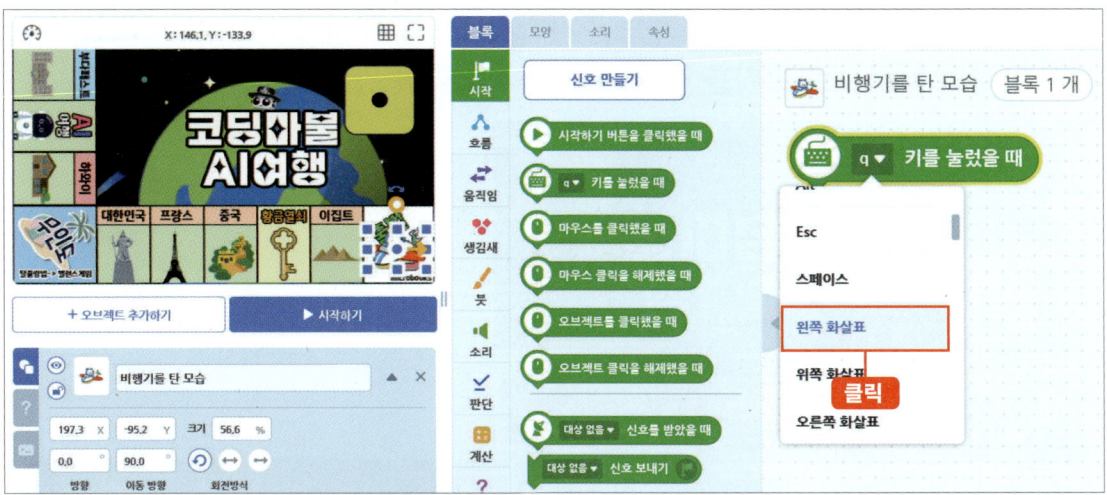

32 • 코딩마블 AI여행

❸ 이어서 [움직임] - `x 좌표를 10 만큼 바꾸기` 블록을 드래그하여 연결한 후 입력(-60)을 수정합니다.

❹ 다시 '말'을 위쪽으로 움직이기 위해 [시작] - `q 키를 눌렀을 때` 블록을 드래그하여 연결한 다음 [목록 상자](▼) 단추를 눌러 [위쪽 화살표]를 선택한 후 [움직임] - `y 좌표를 10 만큼 바꾸기` 블록을 연결하고 입력값(70)을 수정합니다.

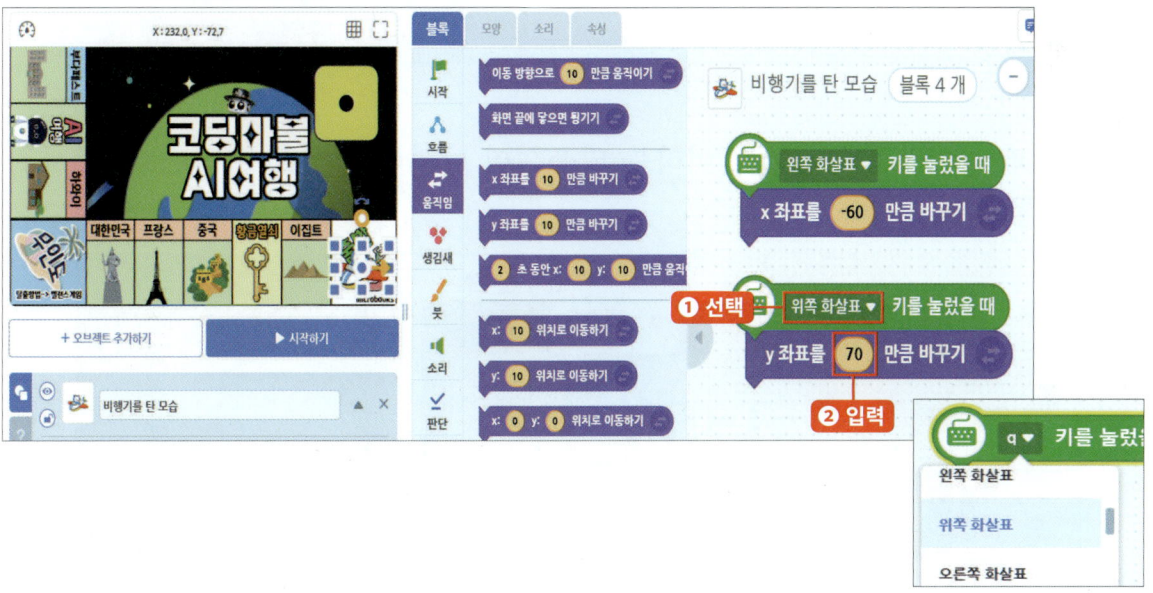

TIP
키보드의 방향키를 이용해 오브젝트를 위쪽, 아래쪽, 오른쪽, 왼쪽으로 움직일 수 있습니다.

03 ▶ 보드게임 실행하기

❶ '말'을 실행하기 위해 [▶ 시작하기] 단추를 클릭합니다.

❷ 그림과 같이 "주사위 클릭"이라는 말풍선이 나타나면 실행 화면에서 [주사위] 오브젝트를 클릭합니다.

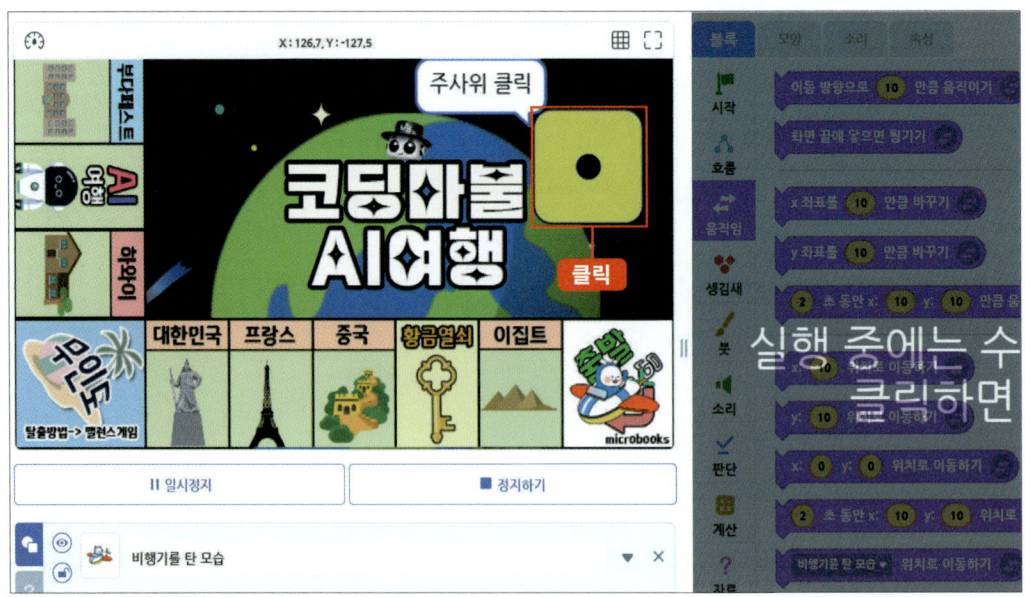

❸ 주사위에 나타난 수만큼 '4칸' 움직이기 위해 키보드의 [왼쪽 방향키](◀)를 4번 눌러 [말] 오브젝트를 프랑스로 이동합니다.

❹ 이어서 [왼쪽 방향키](◀)를 2번 누르고, [위쪽 방향키](▲)를 3번 눌러 마지막 도시 부다페스트로 이동합니다.

5 그림과 같이 코딩한 '말'이 부다페스트에 도착한 모습을 확인합니다.

블록 삭제하는 방법

① [마우스 오른쪽 클릭]+[코드 삭제하기]
② 블록 꾸러미로 드래그하여 삭제
③ 휴지통으로 드래그하여 삭제

코딩메이킹존

Chapter 03

■ 예제 파일 : 03주사위(간식 게임).ent

1 간식 게임판에 "말" 오브젝트를 추가하고 주사위를 굴려 간식 게임을 시작해 봅니다.

2 간식 게임판에서 "말" 오브젝트를 이동할 수 있도록 코딩해 봅니다.

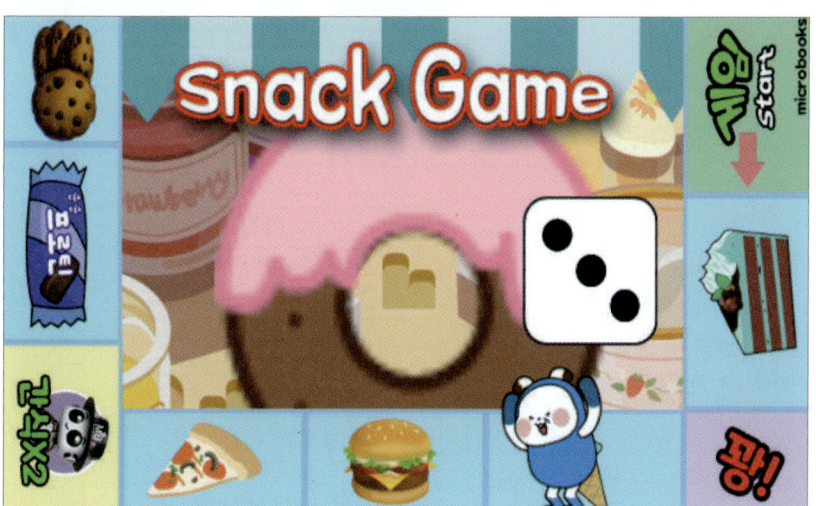

Chapter 03 주사위 굴려 프랑스로 이동 • **37**

Chapter 04 프랑스가 45만 원이라면?

#화폐 만들기 #배경색 채우기 #도장 찍기 #화폐 복제

오늘의 학습목표

■ **예제 파일** : 04강 화폐 도안.ent   ■ **완성 파일** : 04강 화폐 도안_완성.ent

- 채우기 도구를 활용하여 색을 채우는 방법에 대해 알아봅니다.
- 화폐를 도장 찍기 블록으로 복제하는 방법에 대해 알아봅니다.

코딩 상식   알고리즘이란?

우리가 원하는 결과를 얻기 위해 컴퓨터에게 차례대로 어떻게 해야 할지 알려주는 것이 바로 알고리즘입니다. 즉, 알고리즘은 목표를 달성하기 위한 지침이나 계획표와 같습니다.

라면 끓이기를 알고리즘으로 예를 들어보면 다음과 같은 순서대로 해야 할 단계가 있습니다.

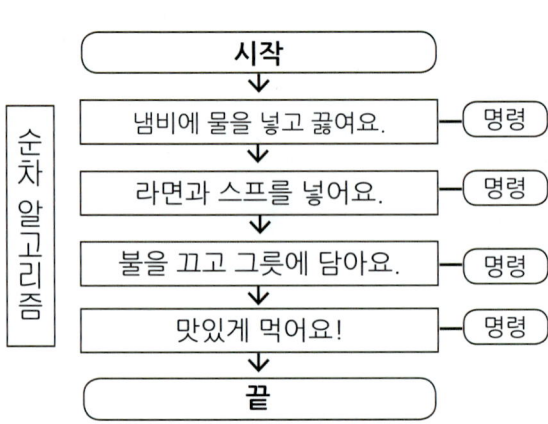

38 • 코딩마불 AI여행

01 화폐 도안 색칠하기

❶ 엔트리 계정에 로그인한 후 상단 메뉴에서 [불러오기]( ) - [오프라인 작품 불러오기]를 클릭하여 '04강 화폐 도안.ent' 파일을 불러온 다음 [모양] 탭을 클릭합니다.

❷ 화폐 도안을 색칠하기 위해 도구 상자의 [채우기] 도구를 클릭한 후 채우기 색상의 [목록 상자](▼) 단추를 클릭합니다.

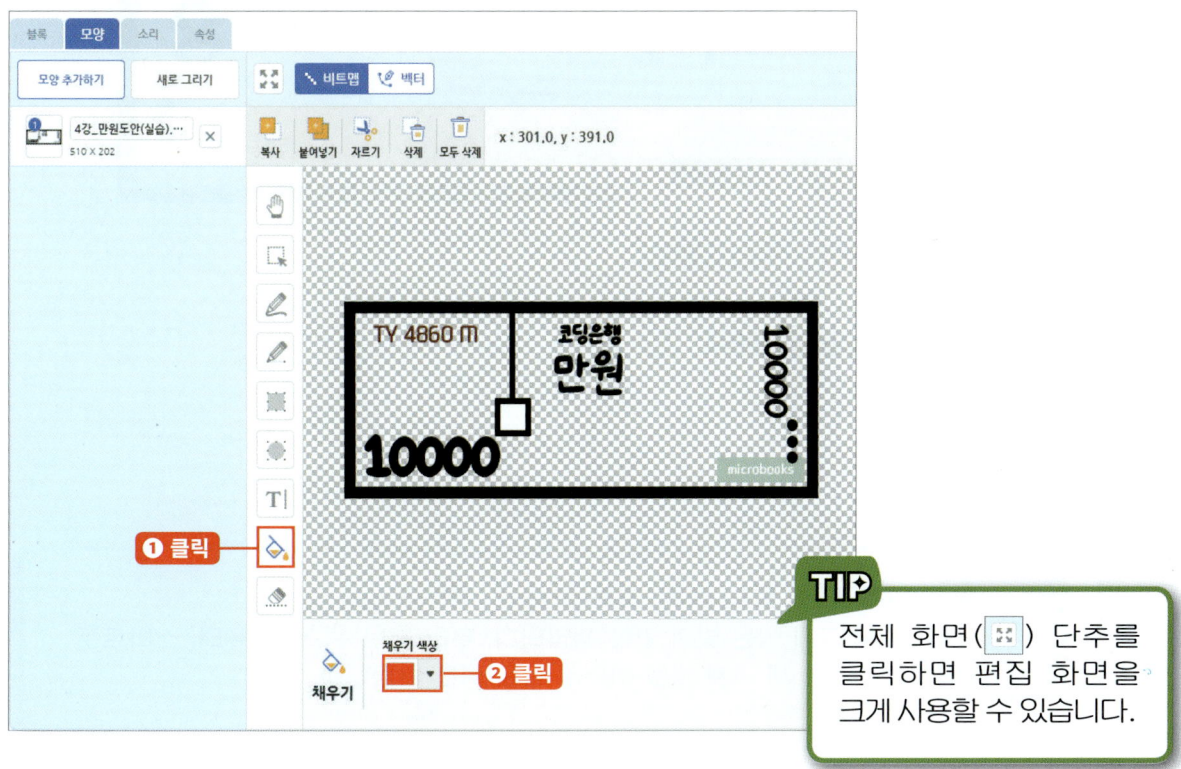

TIP 전체 화면( ) 단추를 클릭하면 편집 화면을 크게 사용할 수 있습니다.

Chapter 04 프랑스가 45만 원이라면? • **39**

❸ 그림과 같이 색상표가 나타나면 [색 슬라이드 모드](≡) 단추를 클릭합니다.

❹ 그림과 같이 빨강(R): '144', 녹색(G): '205', 파랑(B): '156'으로 입력한 후 편집 화면을 클릭합니다.

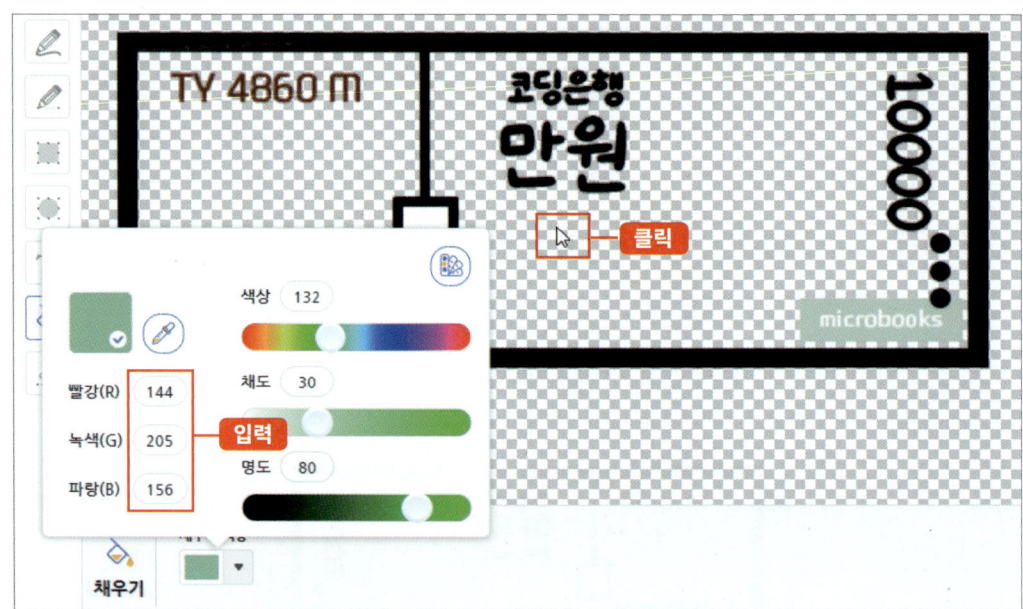

TIP

RGB 3원색 빨강(Red), 초록(Green), 파랑(Blue)
이 세 가지 색은 빛의 기본 색입니다. 우리가 보는 TV, 컴퓨터, 스마트폰 화면도 이 세 가지 색을 섞어서 모든 색을 만듭니다.

02 배경색 채우기

① 배경색을 채우기 위해 '화폐 도안'을 여러 번 클릭하여 색을 채웁니다.

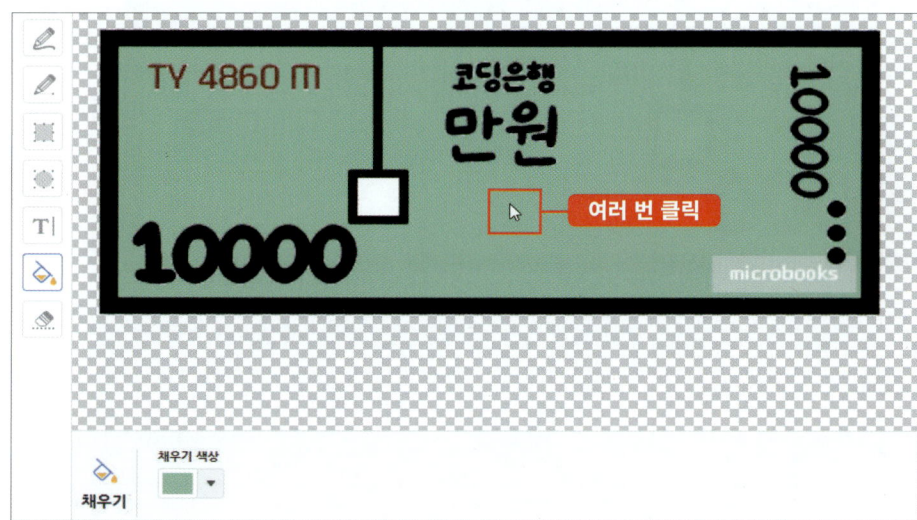

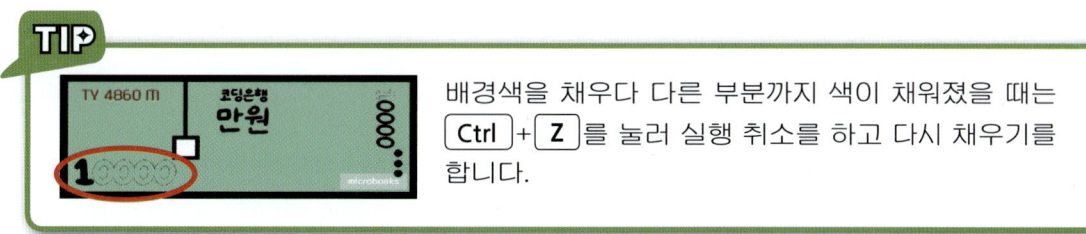

TIP: 배경색을 채우다 다른 부분까지 색이 채워졌을 때는 Ctrl + Z 를 눌러 실행 취소를 하고 다시 채우기를 합니다.

② 도안을 꾸미기 위해 [모양 가져오기] 단추를 클릭한 후 [식물] - [풀(1)_연두] 오브젝트를 추가합니다.

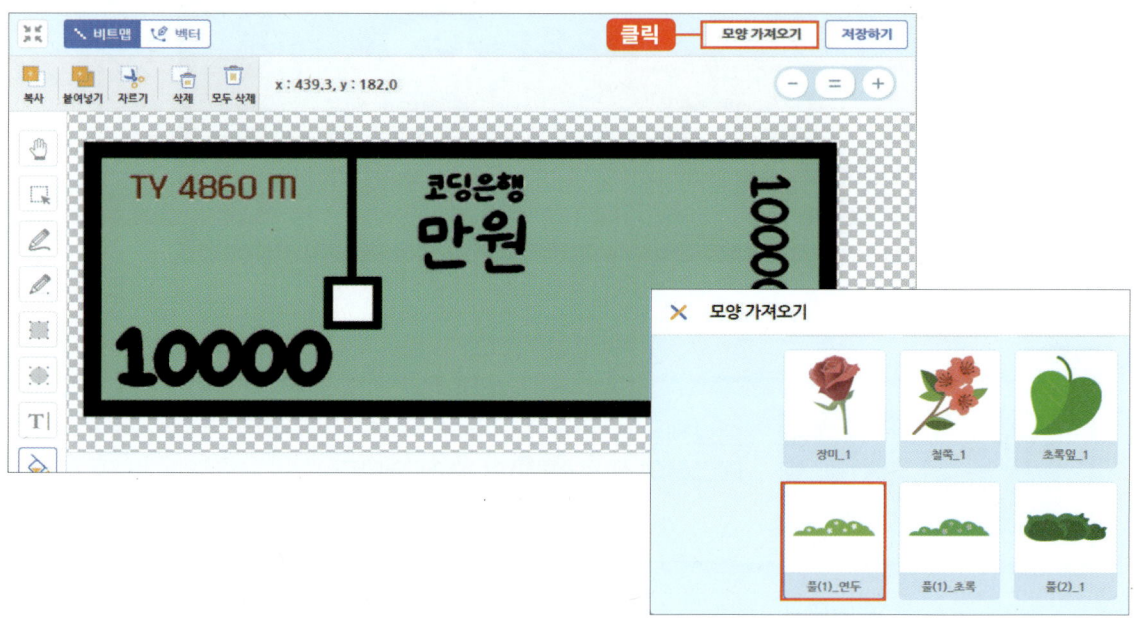

Chapter 04 프랑스가 45만 원이라면? • **41**

❸ 풀(1)_연두 오브젝트를 크기 조절점(■)으로 크게 조절하여 그림과 같은 위치로 이동합니다.

❹ 같은 방법으로 모양 가져오기에서 [엔트리봇] - [도령 엔트리봇1] 오브젝트를 추가한 후 그림과 같은 위치로 이동하여 화폐를 완성한 다음 [저장하기] 단추를 클릭하고 [저장하기]를 클릭합니다.

TIP

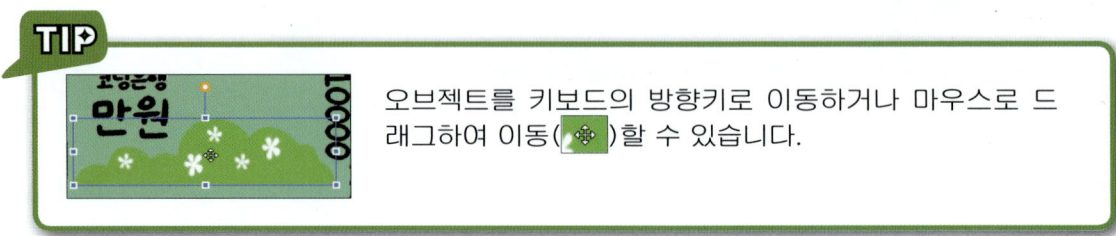

오브젝트를 키보드의 방향키로 이동하거나 마우스로 드래그하여 이동( )할 수 있습니다.

03 도장 찍기 블록으로 화폐 복제하기

❶ 완성된 화폐를 복제하기 위해 [블록] 탭을 클릭한 후 블록 꾸러미의 [시작] - `시작하기 버튼을 클릭했을 때` 블록을 드래그하여 블록 조립소로 이동합니다.

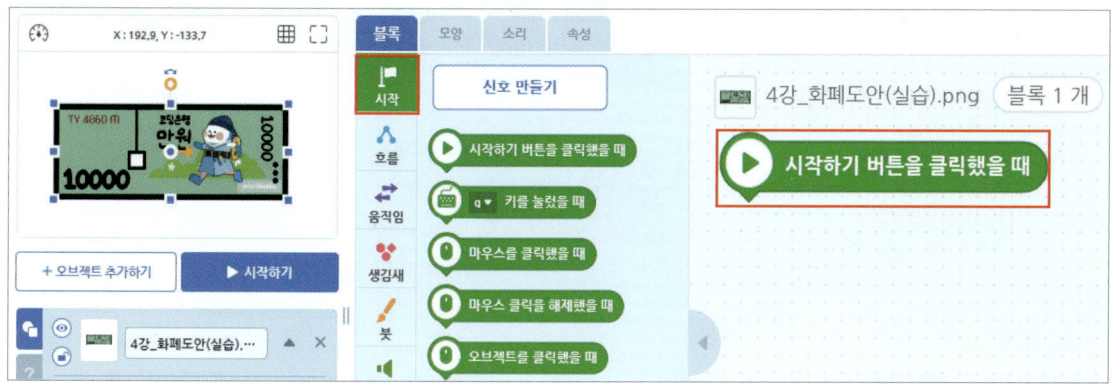

❷ 이어서 [흐름] - `계속 반복하기` 블록과 [움직임] - `[4강_화폐도안(실습).png] 위치로 이동하기` 블록을 그림과 같이 연결한 후 [목록 상자](▼) 단추를 눌러 [마우스 포인터]를 선택합니다.

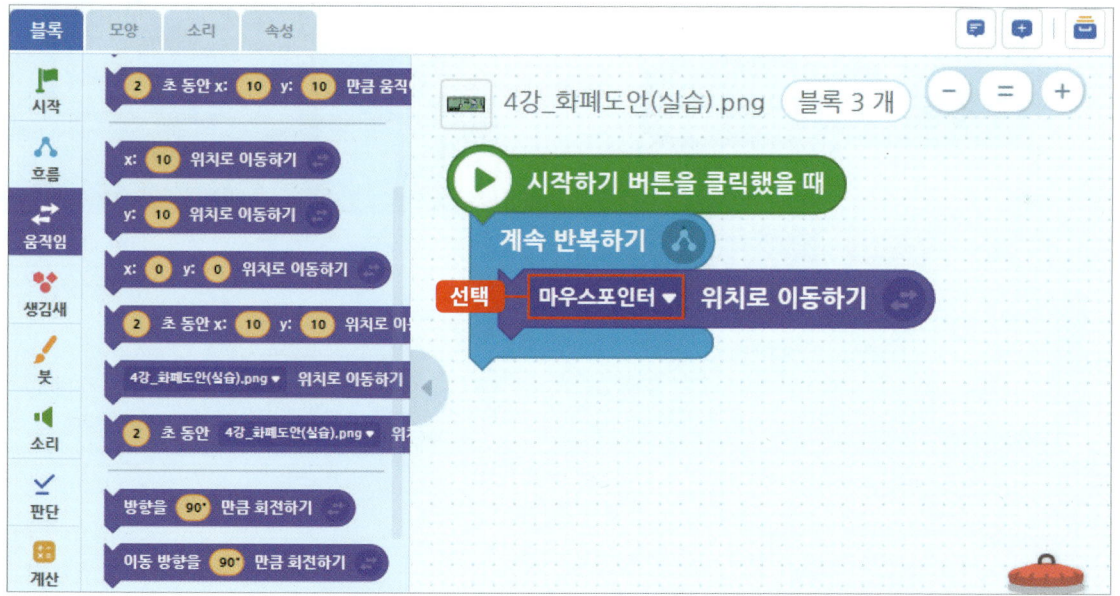

Chapter 04 프랑스가 45만 원이라면? • **43**

❸ 다시 [시작] - 마우스를 클릭했을 때 블록과 [붓] - 도장 찍기 블록을 연결합니다.

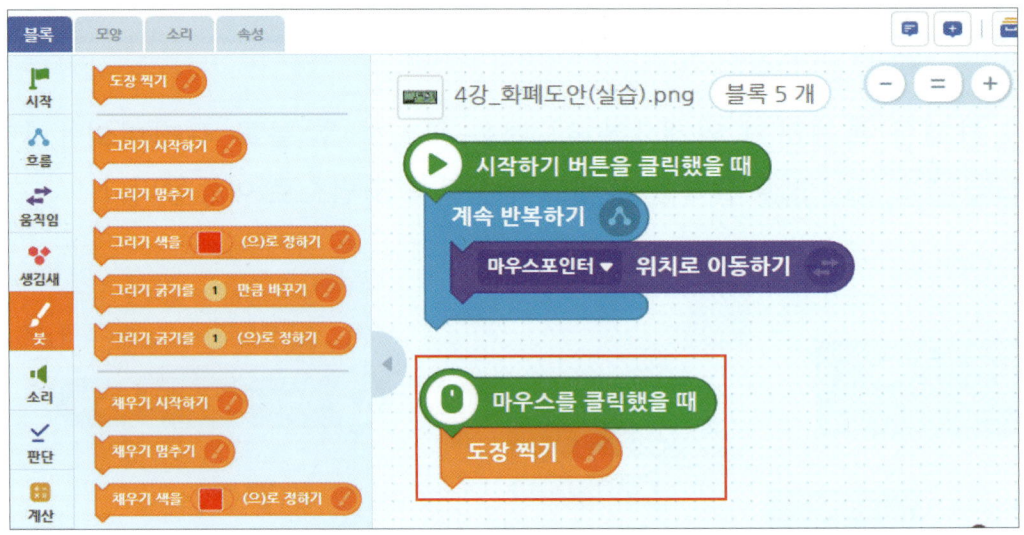

❹ 작품이 완성되면 [▶ 시작하기] 단추를 클릭한 후 실행 화면에서 화폐 오브젝트를 여러 번 클릭하여 그림과 같이 '사십오만 원'을 만들어 봅니다.

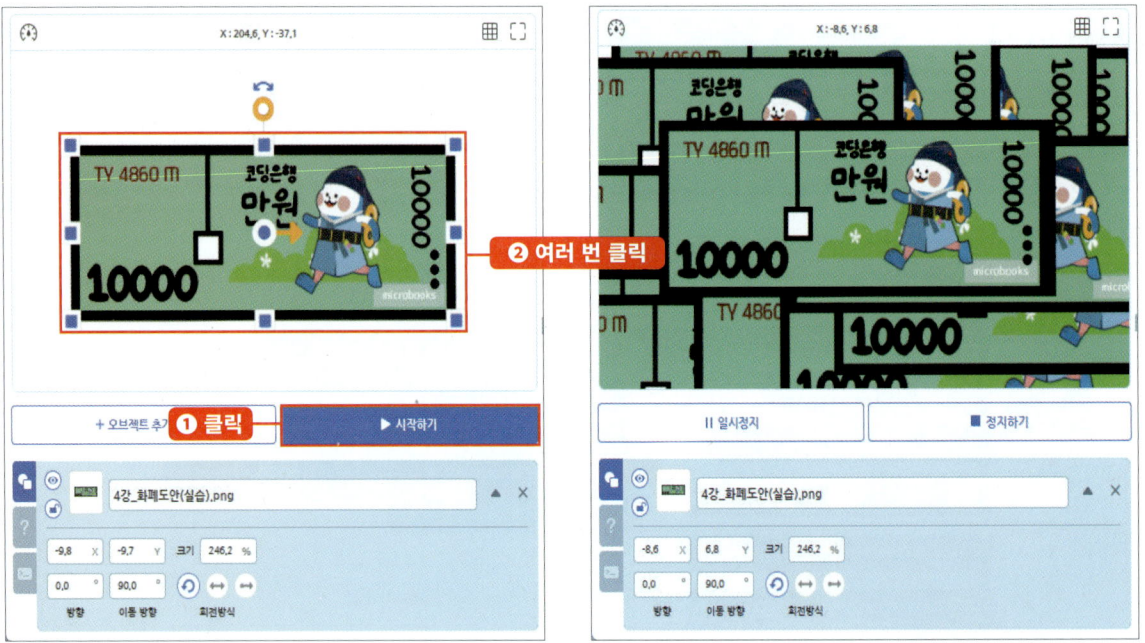

코딩메이킹존

Chapter 04

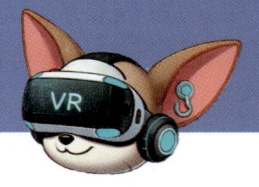

📄 **예제 파일 :** 04 오만 원 도안.ent

1 오만 원 도안에 색을 채우고 오브젝트로 꾸며 편집해 봅니다.

2 오만 원 오브젝트로 '오백만 원'을 만들 수 있도록 코딩해 봅니다.

Chapter 04 프랑스가 45만 원이라면? • **45**

05 Chapter

마추픽추에서 근정전으로 순간 이동

#순간 이동하기 #오브젝트 숨기기 #장면 추가하기

오늘의 학습목표

■ 예제 파일 : 05강 마추픽추 순간 이동.ent   ■ 완성 파일 : 05강 마추픽추 순간 이동_완성.ent

말하는 블록으로 이야기를 만드는 방법에 대해 알아봅니다.
새로운 장면을 추가하고 장면을 전환하는 방법에 대해 알아봅니다.

코딩 상식 — 무작위수란?

코딩에서 무작위수란 예측할 수 없이 나오는 숫자를 뜻하고 난수라고도 합니다. 코딩에서 주사위를 굴릴 때마다 1에서 6까지 아무 숫자나 나오게 하고 싶을 때 난수를 사용합니다. 이처럼, 무작위수는 예측할 수 없는 숫자가 필요할 때 사용합니다.

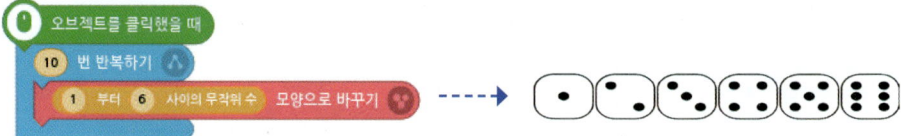

46 · 코딩마불 AI여행

01 ▶ 순간 이동하는 장면 추가하기

❶ 엔트리 계정에 로그인한 후 상단 메뉴에서 [불러오기]( ) - [오프라인 작품 불러오기]를 클릭하여 '05강 마추픽추 순간 이동.ent' 파일을 불러옵니다.

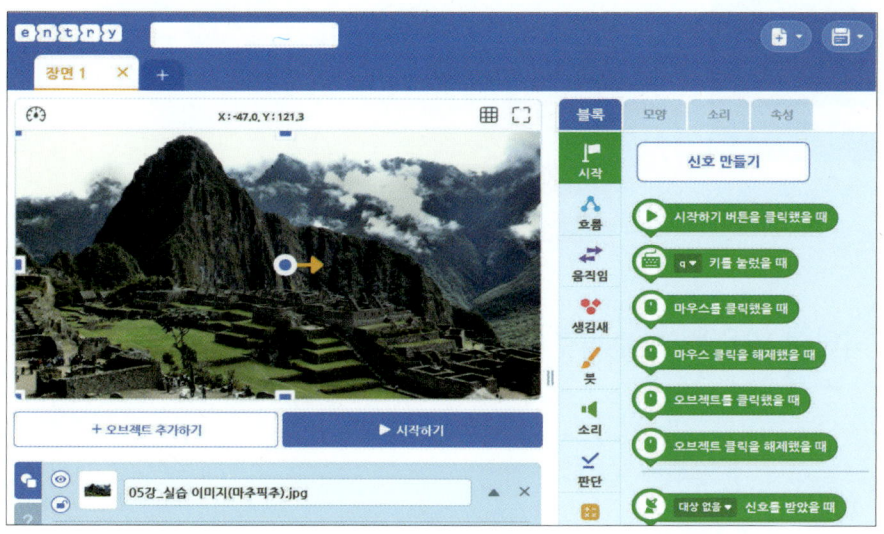

❷ 오브젝트 추가하기에서 [사람] - [선비(3)]을 추가한 후 블록 꾸러미의 [시작] - 시작하기 버튼을 클릭했을 때 블록을 드래그하여 블록 조립소로 이동합니다.

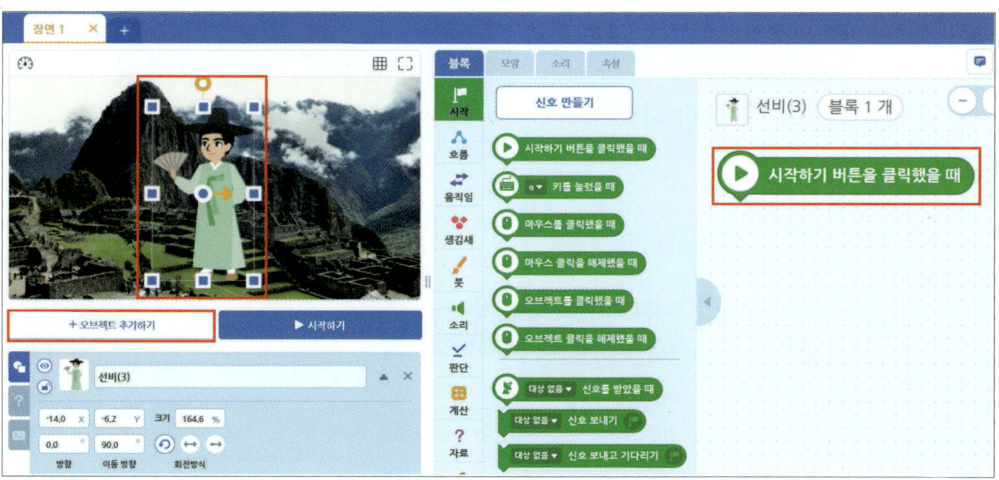

Chapter 05 마추픽추에서 근정전으로 순간 이동 • 47

❸ 이어서 [생김새] - 모양 보이기 블록과 안녕 을(를) 4 초 동안 [말하기▼] 블록을 연결합니다.

❹ 안녕 블록을 클릭하여 내용을 '마추픽추에서 근정전으로 순간 이동!'으로 수정합니다.

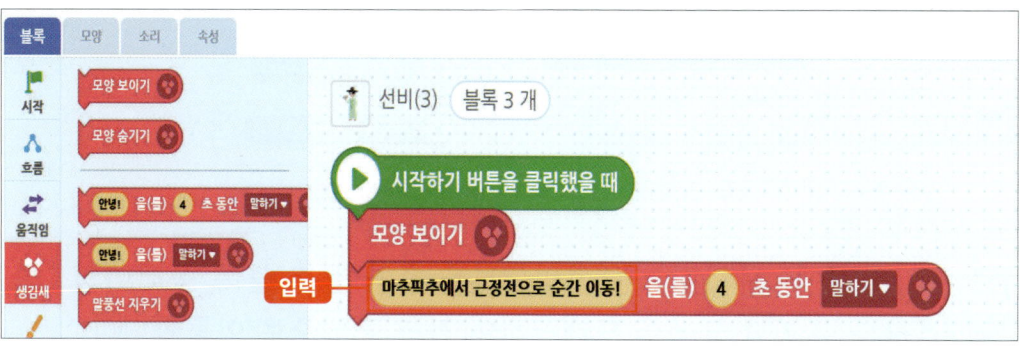

❺ 이어서 [흐름] - 2 초 기다리기 블록과 [생김새] - 모양 숨기기 블록을 그림과 같이 연결한 후 입력값(1)을 수정합니다.

02 회오리바람 만들기

1. 회오리바람을 만들기 위해 오브젝트 추가하기에서 [환경] - [회오리바람(1)]을 추가한 후 블록 꾸러미의 [시작] - 시작하기 버튼을 클릭했을 때 블록과 [생김새] - 모양 숨기기 블록을 드래그하여 블록 조립소에 연결합니다.

2. 이어서 [흐름] - 2 초 기다리기 블록을 연결한 후 [계산] - 0 부터 10 사이의 무작위 수 블록을 ② 블록 안에 끼워 넣고 첫 번째 입력값(5), 두 번째 입력값(5)을 수정합니다.

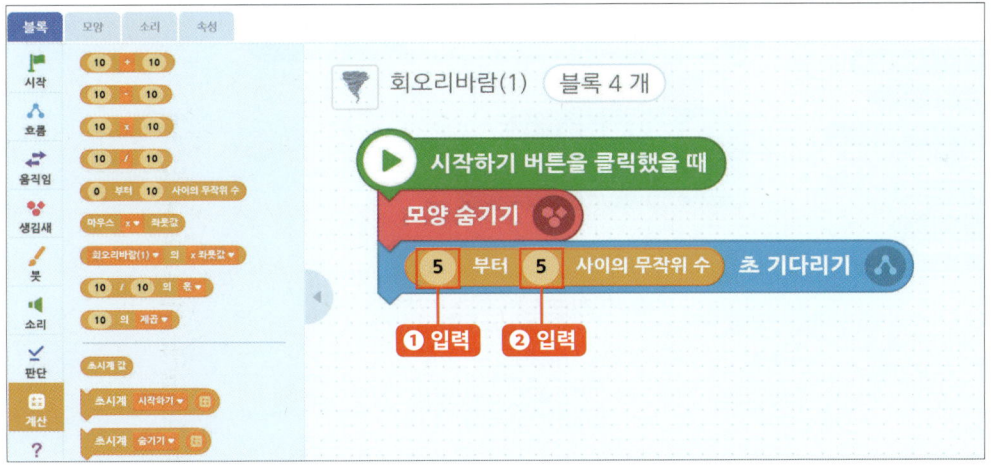

❸ 이어서 [생김새] - 모양 보이기 블록을 드래그하여 연결합니다.

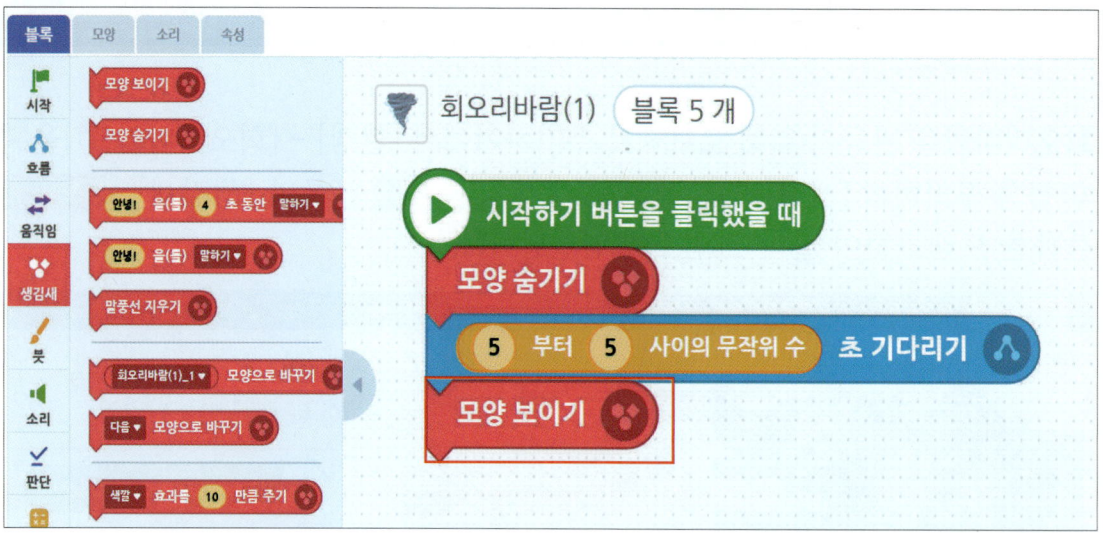

❹ 마지막으로 [흐름] - 2 초 기다리기 블록과 [시작] - [다음▼] 장면 시작하기 블록을 드래그하여 그림과 같이 연결합니다.

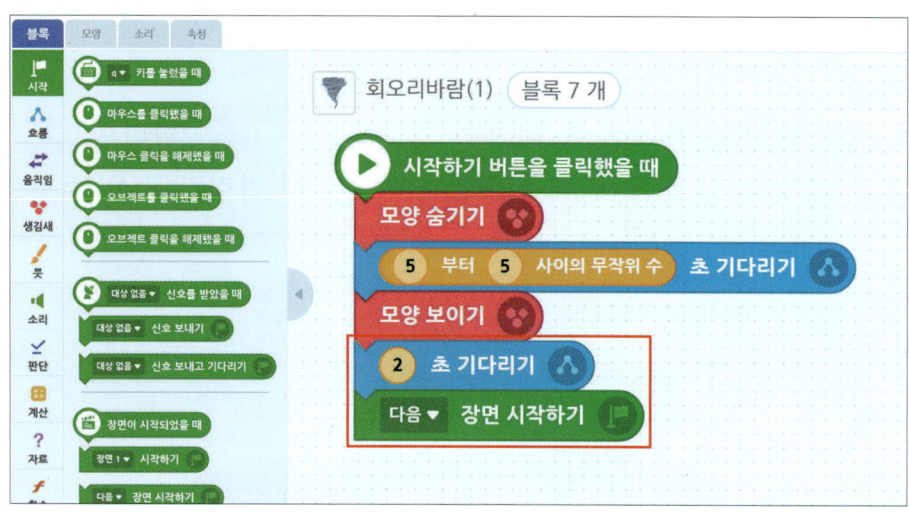

03 ▶ 장면 추가하기

❶ 다음 장면을 만들기 위해 [장면 추가하기](+) 단추를 클릭합니다.

❷ 새로운 장면이 추가되면 오브젝트 추가하기에서 [배경] - [근정전] 오브젝트와 [사람] - [선비(3)] 오브젝트를 추가한 후 크기 조절점(■)으로 선비 크기를 조절합니다.

 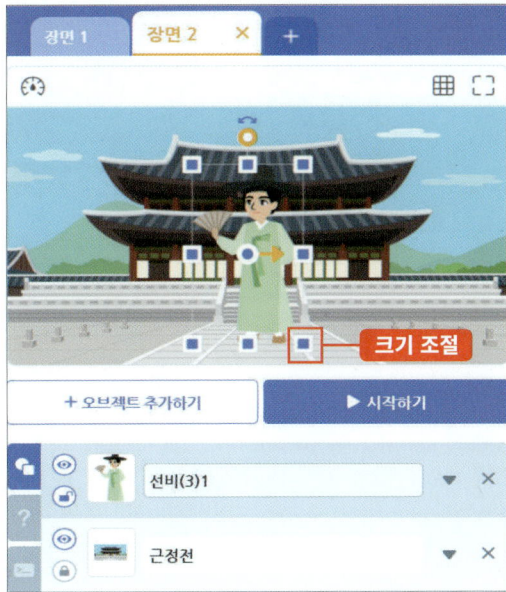

Chapter 05 마추픽추에서 근정전으로 순간 이동 • **51**

04 순간 이동하는 장면 만들기

❶ 순간 이동한 장면을 만들기 위해 블록 꾸러미의 [시작] - 장면이 시작되었을 때 블록을 연결하고 [생김새] - 모양 보이기 블록과 [흐름] - 2 초 기다리기 블록을 연결한 다음 입력값(1)을 수정합니다.

❷ 이어서 [생김새] - 안녕! 을(를) 4 초 동안 [말하기▼] 블록을 연결한 후 내용을 '에헴~'으로 수정합니다.

❸ 다시 [환경] - [회오리바람(1)] 오브젝트를 추가한 후 [시작] - 장면이 시작되었을 때 블록을 연결하고 [생김새] - 모양 보이기 블록과 [흐름] - 2초 기다리기 블록을 드래그하여 연결한 다음 입력값(1)을 수정하고 [생김새] - 모양 숨기기 블록을 연결합니다.

❹ 작품이 완성되면 [장면 1]을 선택하고 [▶ 시작하기] 단추를 클릭하여 선비가 마추픽추에서 근정전으로 순간 이동한 장면을 확인합니다.

Chapter 05 마추픽추에서 근정전으로 순간 이동 • 53

코딩메이킹존

Chapter 05

■ 예제 파일 : 05 이집트 순간 이동.ent

1 엔트리가 이집트에서 순간 사라지는 '장면 1'을 코딩해 봅니다.

2 순간 이동으로 집에 도착한 모습을 '장면 2'에 코딩해 봅니다.

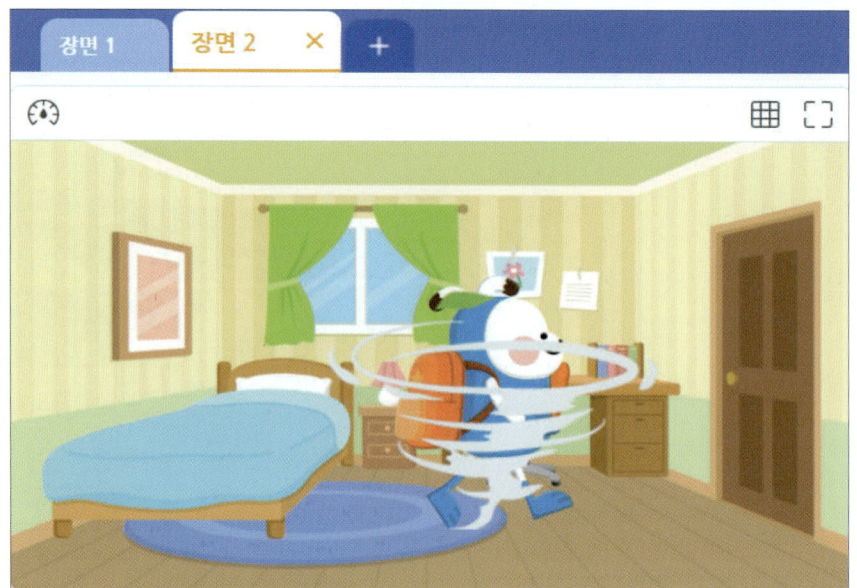

Chapter 06 무인도에서 밸런스 게임

#밸런스 카드 만들기 #카드 그리기 #카드 모양 바꾸기

■ 예제 파일 : 06강 밸런스 게임.ent   ■ 완성 파일 : 06강 밸런스 게임_완성.ent

○ 밸런스 카드를 그리는 방법에 대해 알아봅니다.
○ 밸런스 카드의 앞면과 뒷면 모양을 바꾸는 방법에 대해 알아봅니다.

 디버그란?

디버그는 컴퓨터 프로그래밍 개발 과정에서 프로그램의 개발 마지막 단계에서 시스템의 논리적 오류나 비정상적인 연산, 프로그램 오류와 같은 버그(Bug)들을 찾아내고 그 원인을 밝히며 오류를 수정하는 작업 과정을 뜻하며 오류를 수정하는 작업을 디버깅(Debugging)이라고 합니다.

01 밸런스 카드 앞면 그리기

① 엔트리 계정에 로그인한 후 상단 메뉴에서 [불러오기]( ) - [오프라인 작품 불러오기]를 클릭하여 '06강 밸런스 게임.ent' 파일을 불러온 다음 [+ 오브젝트 추가하기] 단추를 클릭합니다.

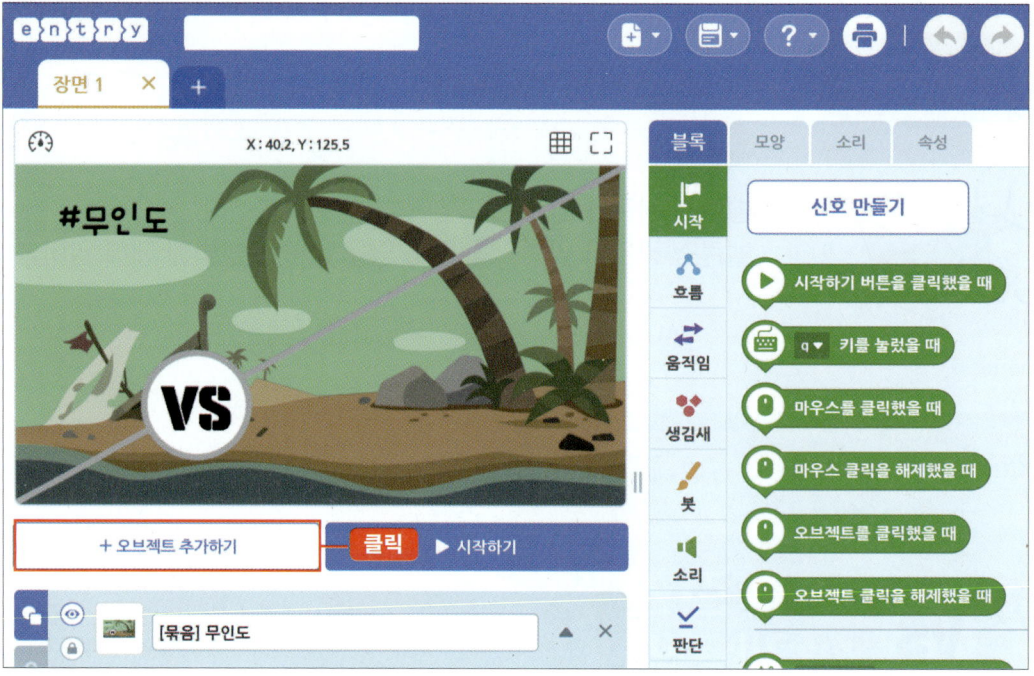

② 오브젝트 추가하기에서 [새로 그리기] 탭을 클릭한 후 그리기 화면으로 이동하기 위해 [이동하기] 단추를 클릭합니다.

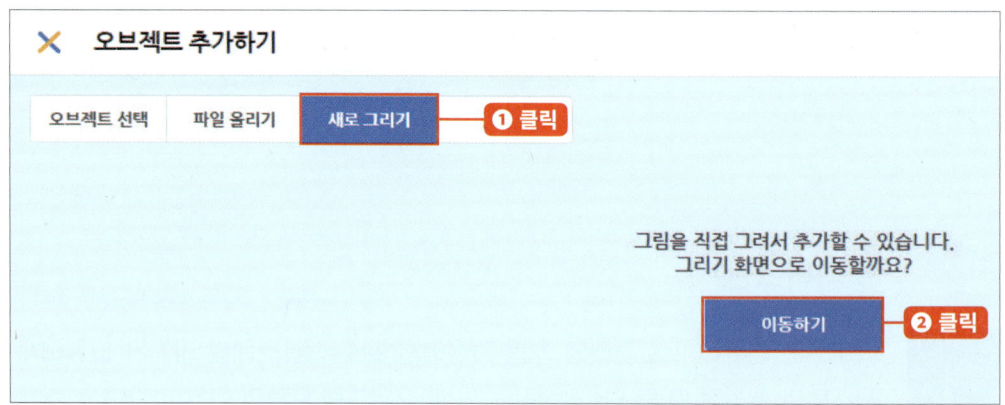

❸ 그리기 화면이 나타나면 [사각형](■)을 클릭한 후 윤곽선 굵기(＋) 단추를 클릭하여 '6'으로 입력하고, 윤곽선 색상(▼) 단추를 클릭한 후 팔레트(◉)를 클릭하여 [노랑]을 선택합니다.

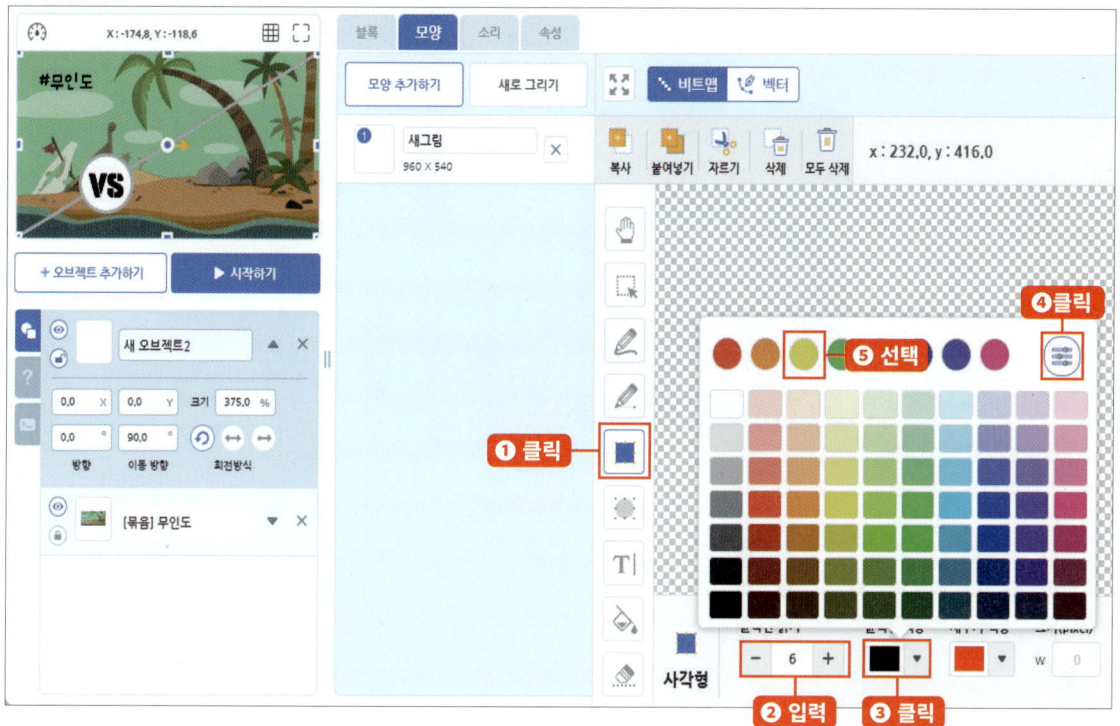

❹ 이어서 채우기 색상(▼) 단추를 클릭하여 팔레트에서 [보라]를 선택합니다.

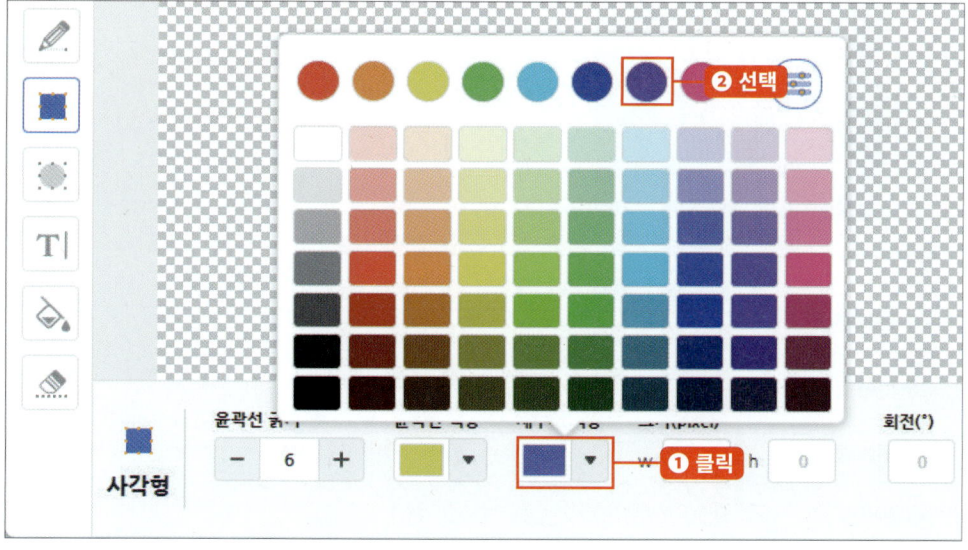

Chapter 06 무인도에서 밸런스 게임 • **57**

❺ 색상 선택이 끝나면 [사각형](■)을 드래그하여 그림과 같이 카드 모양으로 그립니다.

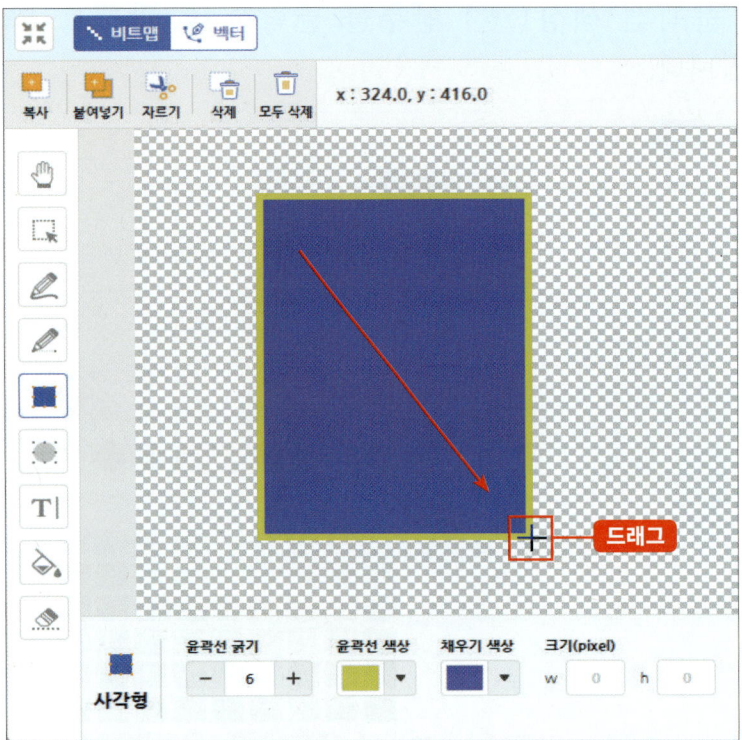

❻ 다시 [글상자](T|)를 선택한 후 글꼴(▼) 단추를 클릭하여 [산돌 코믹스탠실]을 선택합니다.

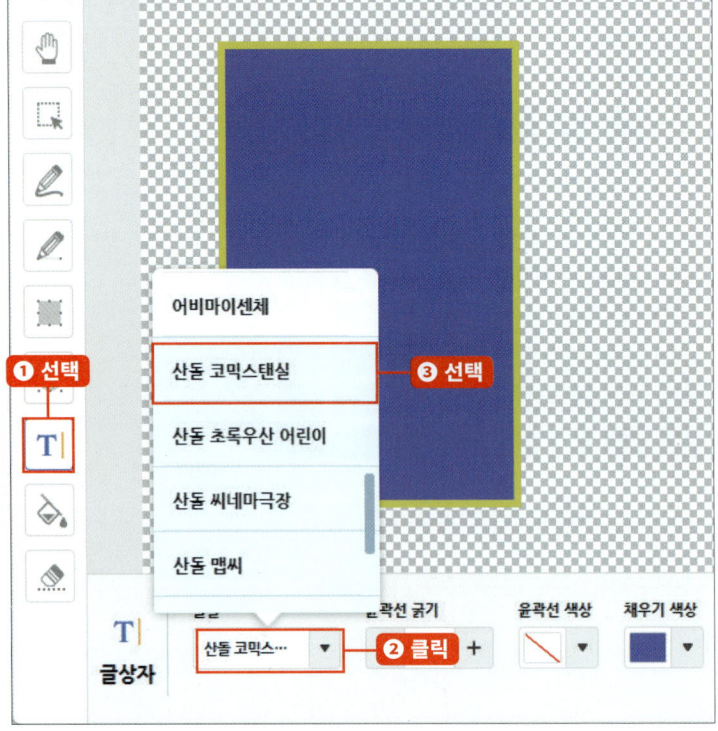

❼ 이어서 윤곽선 굵기 '3', 윤곽선 색상 [검정], 채우기 색상 [흰색], 글꼴 크기 '60', 글꼴 스타일 [가]를 선택합니다.

❽ 글상자를 클릭하여 '밸런스 게임'을 입력한 후 그림과 같은 위치로 이동합니다.

❾ 오브젝트를 추가하기 위해 [모양 가져오기] 단추를 클릭합니다.

Chapter 06 무인도에서 밸런스 게임 • **59**

⑩ 모양 가져오기에서 [음식] - [민트초코 아이스크림] 오브젝트를 추가한 후 크기 조절점 (■)으로 크기를 조절한 다음 그림과 같은 위치로 이동합니다.

⑪ 완성된 밸런스 카드 앞면을 저장하기 위해 [저장하기] 단추를 클릭한 후 [저장하기]를 선택합니다.

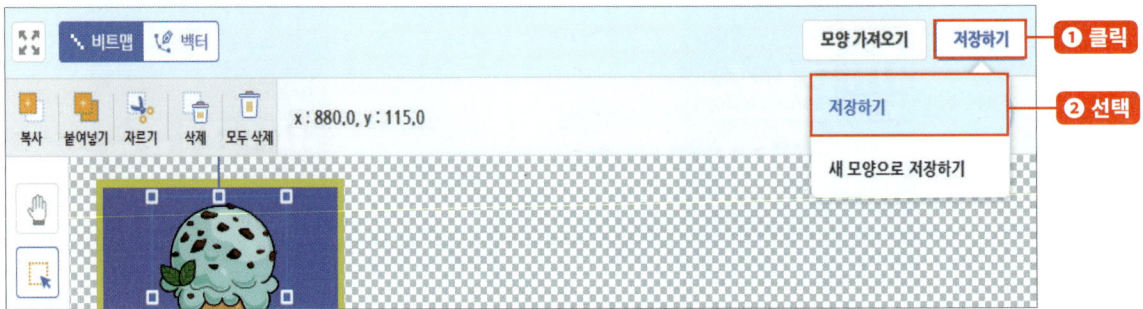

⑫ 그림과 같이 실행 화면에 나타난 밸런스 게임 카드를 크기 조절점(■)으로 조절한 후 그림과 같은 위치로 이동한 다음 [모양] 탭에서 오브젝트 이름을 '카드 앞면'으로 수정합니다.

02 밸런스 카드 뒷면 만들기

① 밸런스 카드 뒷면을 만들기 위해 [모양] 탭에서 [새로 그리기] 단추를 클릭한 후 오브젝트 이름을 '카드 뒷면'으로 수정합니다.

② 밸런스 카드 뒷면을 그리기 위해 [사각형](■)을 선택한 후 윤곽선 굵기 '6', 윤곽선 색상 [노랑], 채우기 색상 [흰색]을 선택한 다음 드래그하여 사각형을 그립니다.

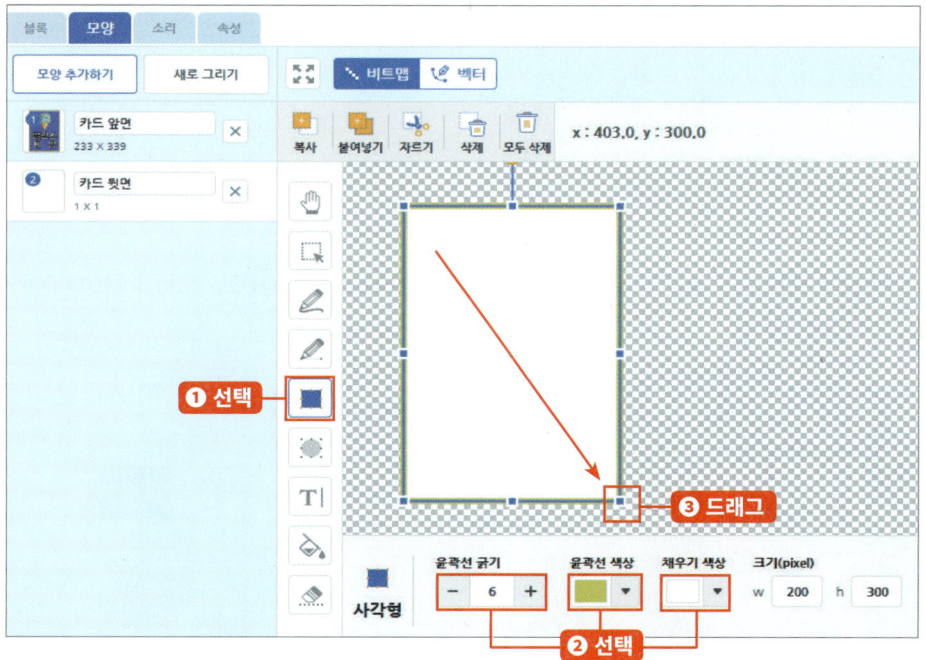

> **TIP**
> [새로 그리기]에서 그림을 직접 그려서 새 오브젝트를 추가할 수도 있습니다.

Chapter 06 무인도에서 밸런스 게임 • **61**

❸ [글상자](T)를 선택한 후 글꼴 [잘난체], 채우기 색상 [검정], 글꼴 크기 '20'을 선택한 후 그림과 같이 입력합니다.

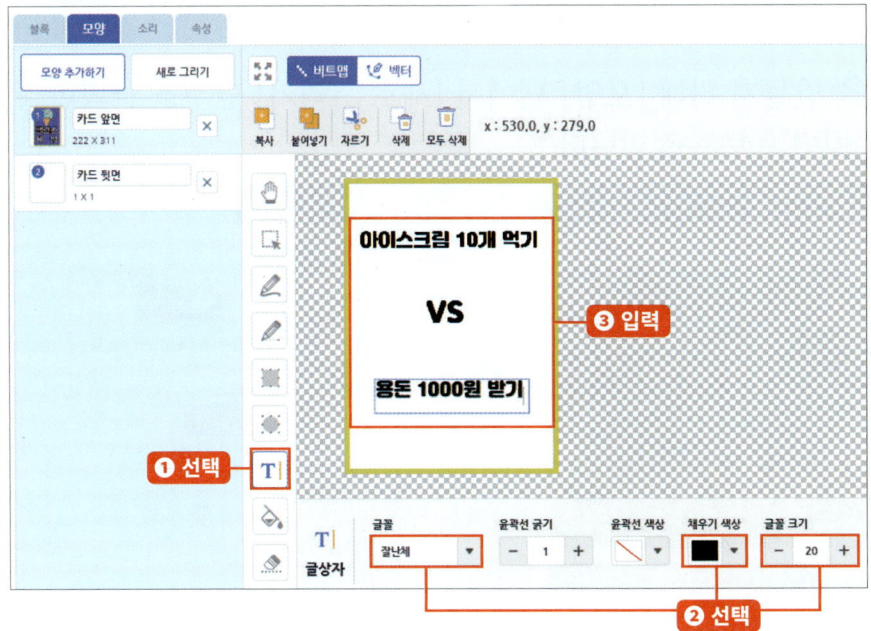

❹ 밸런스 카드 뒷면이 완성되면 [저장하기] 단추를 클릭하고 [저장하기]를 선택합니다.

❺ 그림과 같이 완성된 밸런스 카드 뒷면을 실행 화면에서 확인한 후 다시 모양에서 [카드 앞면]을 선택합니다.

62 • 코딩마불 AI여행

03 밸런스 카드 모양 바꾸기

1. 밸런스 게임을 만들기 위해 [블록] 탭을 클릭하고 [시작] - `오브젝트를 클릭했을 때` 블록과 [생김새] - `[카드 앞면▼] 모양으로 바꾸기` 블록을 드래그하여 연결한 후 [목록 상자](▼) 단추를 클릭하여 [카드 뒷면]을 선택합니다.

2. 이어서 [흐름] - `2 초 기다리기` 블록을 연결하고 입력값(3)을 수정한 후 [움직임] - `2 초 동안 x: 10 y: 10 만큼 움직이기` 블록을 연결하고 첫 번째 입력값(0.2), 두 번째 입력값(-450), 세 번째 입력값(0)을 수정합니다.

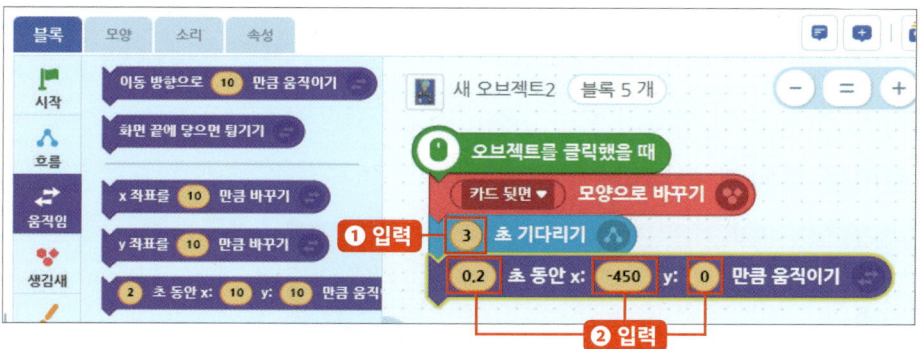

3. 작품이 완성되면 [▶ 시작하기] 단추를 클릭한 후 실행 화면에서 밸런스 카드 앞면을 클릭하여 카드 뒷면에 있는 밸런스 게임을 확인합니다.

Chapter 06

코딩메이킹존

■ 예제 파일 : 06 행운의 편지.ent

1 행운의 편지 뒷면을 만들어 봅니다.

2 행운의 편지를 코딩해 봅니다.

속닥속닥 행운의 편지 이야기

이 편지는 영국에서 최초로 시작되어 일년에 한바퀴를 돌면서 받는 사람에게 행운을 주었고, 지금은 당신에게로 옮겨진 이 편지는 4일 안에 당신 곁을 떠나야 합니다. 이 편지를 포함해서 7통을 행운이 필요한 사람에게 보내주셔야 합니다.

07 Chapter

하와이 별장에 도착한 수상한 라면 상자

#퀴즈 만들기 #신호 만들기 #라면 상자 #폭발

■ 예제 파일 : 07강 수상한 라면 상자.ent   ■ 완성 파일 : 07강 수상한 라면 상자_완성.ent

오늘의 학습목표

정답과 오답 신호를 추가하는 방법에 대해 알아봅니다.
조건 선택 블록을 코딩하는 방법에 대해 알아봅니다.

코딩 상식 — 조건선택 알고리즘이란?

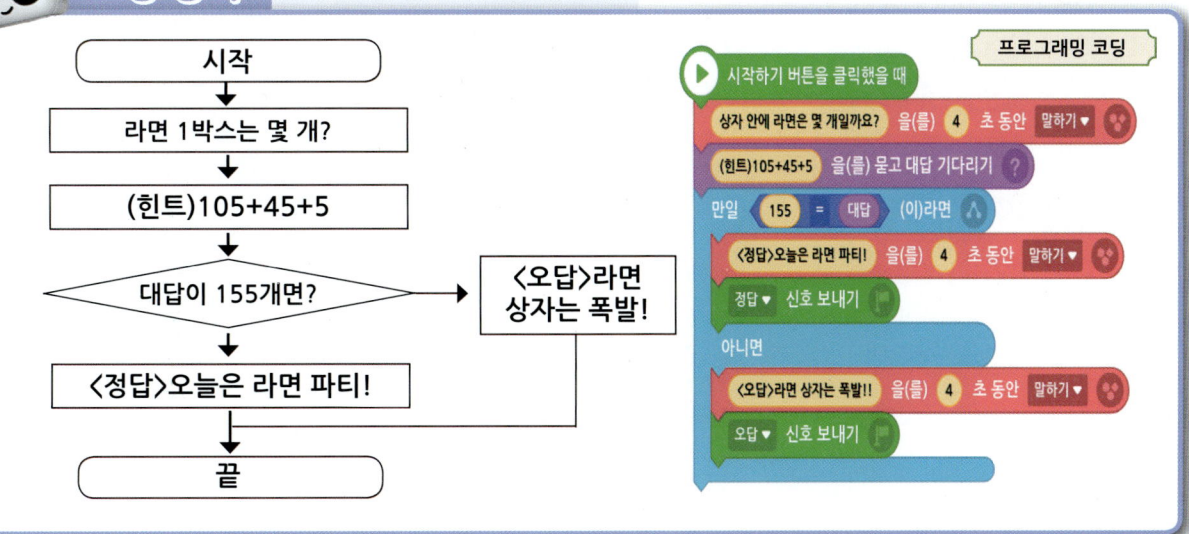

01 말하기 블록으로 퀴즈 만들기

❶ 엔트리 계정에 로그인한 후 상단 메뉴에서 [불러오기]( ) - [오프라인 작품 불러오기]를 클릭하여 '07 수상한 라면 상자.ent' 파일을 불러온 후 [엔트리봇] - [궁금해요 엔트리봇] 오브젝트를 추가하고 [시작] - `시작하기 버튼을 클릭했을 때` 블록을 연결합니다.

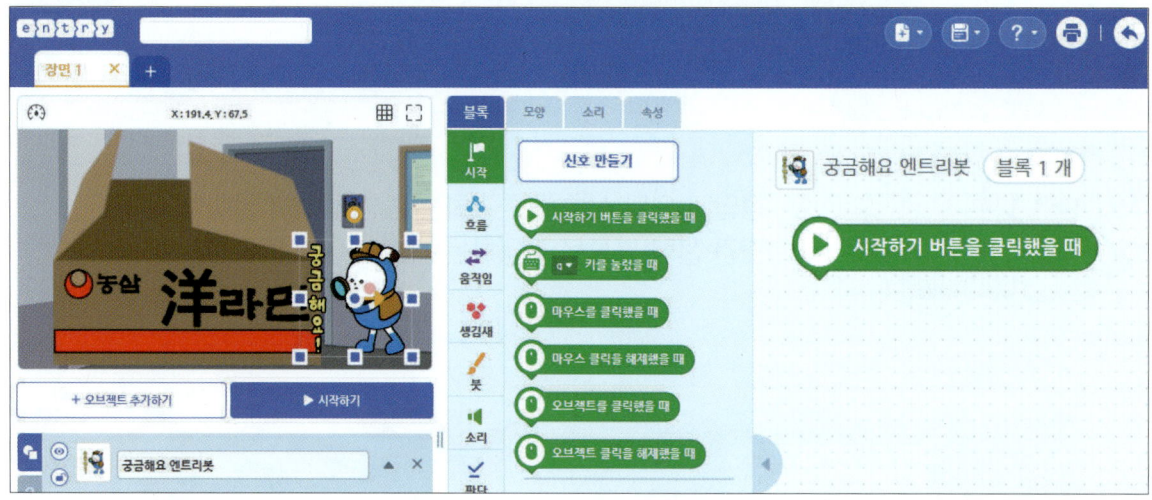

❷ 이어서 [생김새] - `안녕! 을(를) 4 초 동안 [말하기▼]` 블록을 연결하여 내용을 '상자 안에 라면은 몇 개일까요?'로 수정하고 [자료] - `안녕! 을(를) 묻고 대답 기다리기` 블록을 연결한 다음 내용을 '(힌트)105+45+5'로 수정합니다.

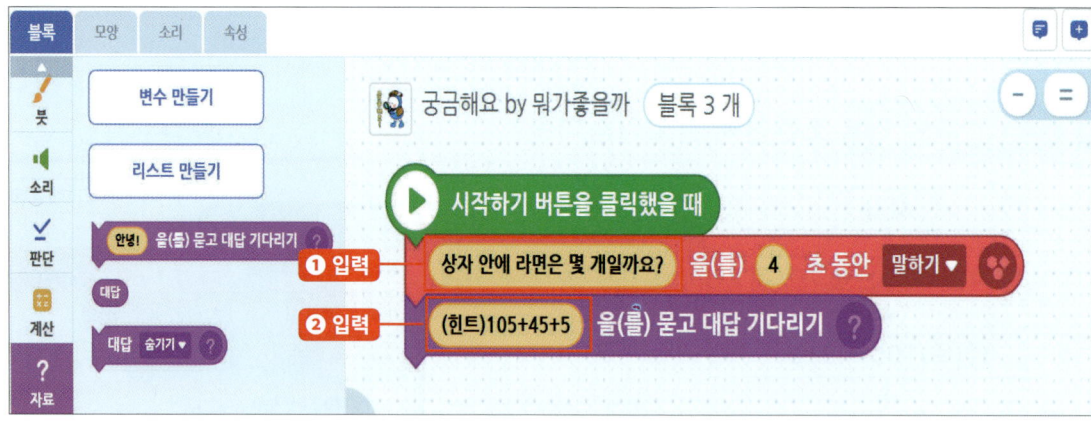

66 • 코딩마불 AI여행

❸ 이어서 [흐름] - `만일 <참> (이)라면 / 아니면` 블록을 연결한 후 [판단] - `<10 = 10>` 블록을 드래그하여 `참` 블록 안에 끼워 넣은 다음 첫 번째 입력값(155)을 수정하고 두 번째는 [자료] - `대답` 블록을 드래그하여 끼워 넣습니다.

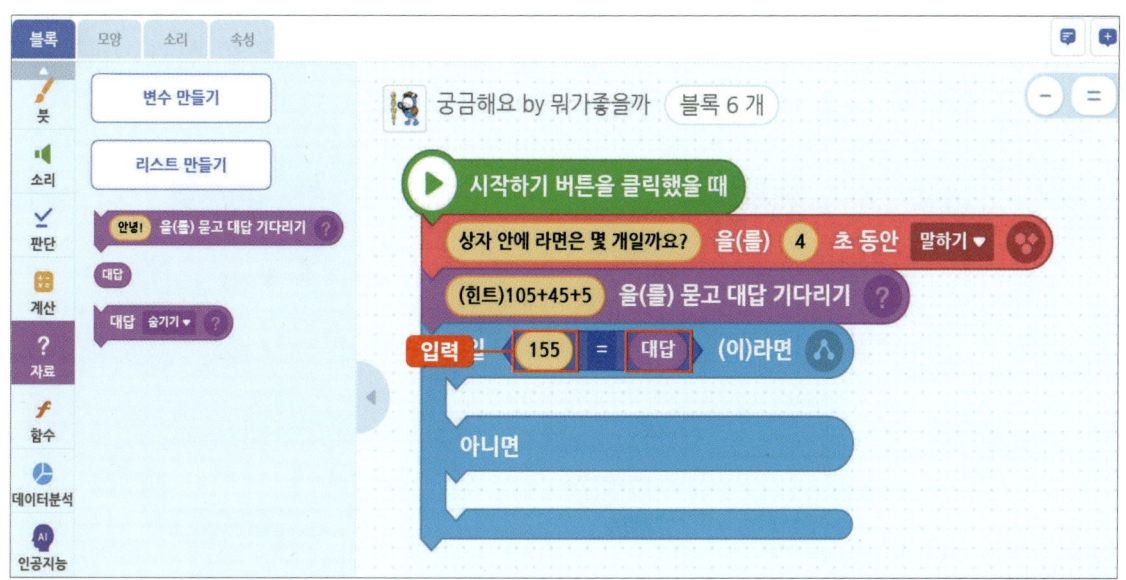

TIP
[묻고 대답 기다리기] 블록을 연결하면 실행 화면 오른쪽 상단에 [대답] 상자가 나타납니다.

❹ 정답과 오답 신호를 추가하기 위해 [생김새] - `안녕! 을(를) 4 초 동안 [말하기▼]` 블록을 연결한 다음 내용을 '〈정답〉오늘은 라면 파티!'로 수정한 후 다시 신호를 만들기 위해 [속성] 탭을 클릭합니다.

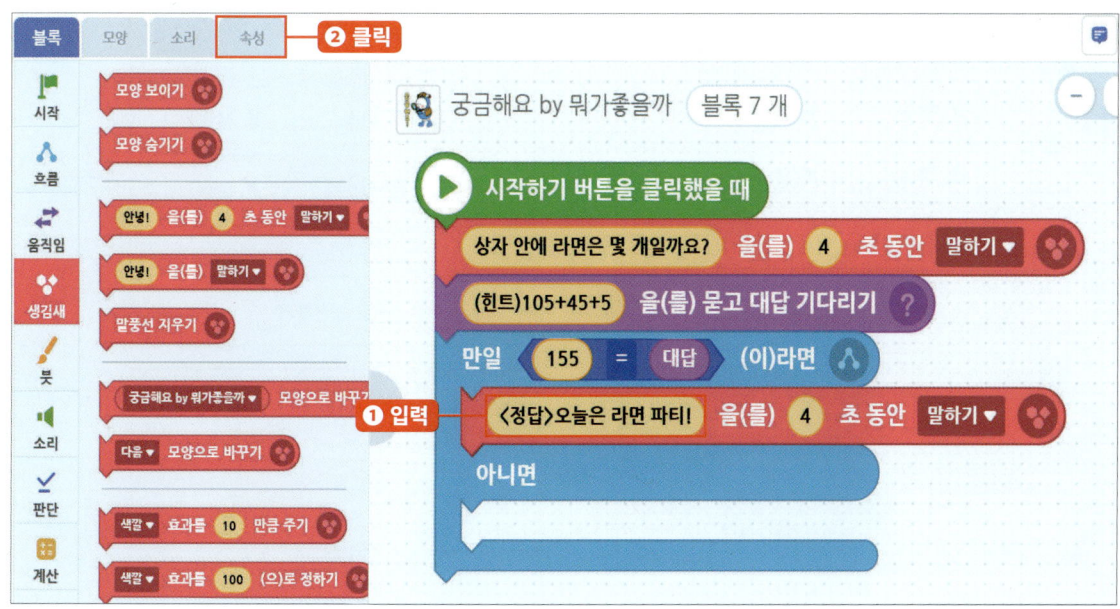

Chapter 07 하와이 별장에 도착한 수상한 라면 상자 • **67**

02 ▶ 정답과 오답 신호 추가하기

❶ 속성에서 [신호]를 클릭하고 [신호 추가하기] 단추를 클릭한 후 신호 이름 입력란에 '정답'을 입력한 다음 [신호 추가] 단추를 클릭합니다.

❷ 다시 오답 신호를 만들기 위해 [신호 추가하기] 단추를 클릭한 후 신호 이름 입력란에 '오답'을 입력한 다음 [신호 추가] 단추를 클릭합니다.

❸ 정답 신호 블록을 연결하기 위해 [블록] 탭을 클릭한 후 블록 꾸러미의 [시작] - [오답▼] 신호 보내기 블록을 아래에 연결한 후 [목록 상자](▼) 단추를 클릭하여 [정답]을 선택합니다.

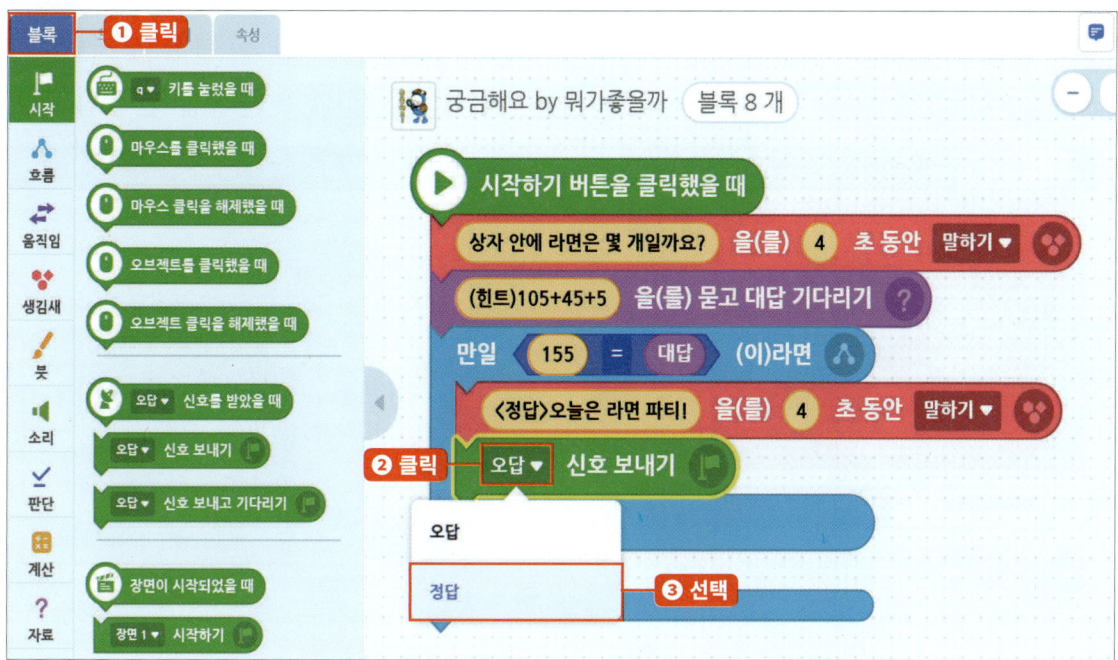

❹ 다시 오답 신호 블록을 연결하기 위해 [생김새] - 안녕! 을(를) 4 초 동안 [말하기▼] 블록을 드래그하여 그림과 같은 위치에 연결한 후 내용을 '〈오답〉라면 상자는 폭발!!'로 수정한 다음 [시작] - [오답▼] 신호 보내기 블록을 아래에 연결합니다.

Chapter 07 하와이 별장에 도착한 수상한 라면 상자 • 69

03 컵라면 복제하기

❶ 컵라면을 복제하기 위해 [음식] - [컵라면] 오브젝트를 추가한 후 블록 꾸러미의 [흐름] - `복제본이 처음 생성되었을 때` 블록과 `만일 <참> (이)라면 / 아니면` 블록을 연결합니다.

❷ 이어서 [판단] - `<10 = 10>` 블록을 드래그하여 `참` 블록 안에 끼워 넣은 후 첫 번째는 [자료] - `대답` 블록을 드래그하여 끼워 넣고 두 번째는 입력값(155)을 수정합니다.

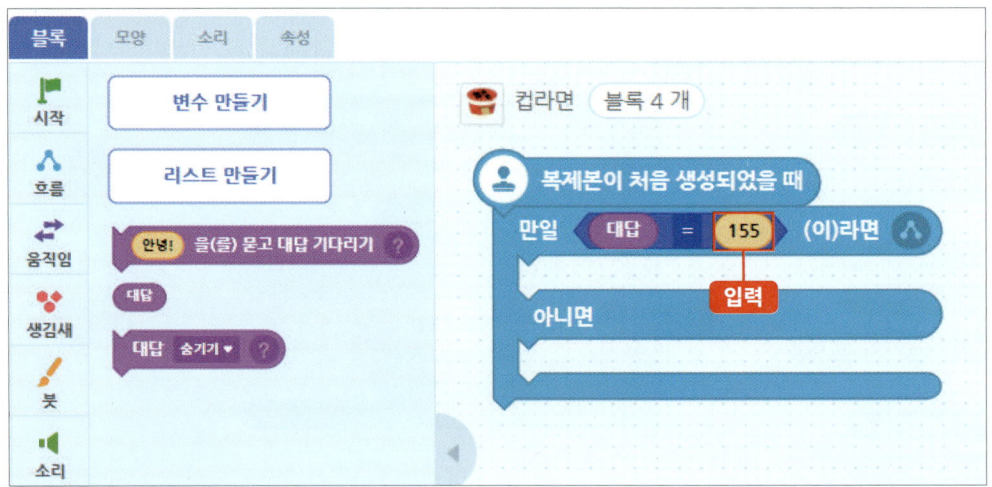

❸ 블록 꾸러미의 [움직임] - 2 초 동안 x: 10 y: 10 위치로 이동하기 블록을 연결한 후 [계산] - 0 부터 10 사이의 무작위 수 블록을 x, y 블록에 끼워 넣은 다음 첫 번째 입력값(0.1), 두 번째 입력값(230, -230), 세 번째 입력값(130, -230)을 수정합니다.

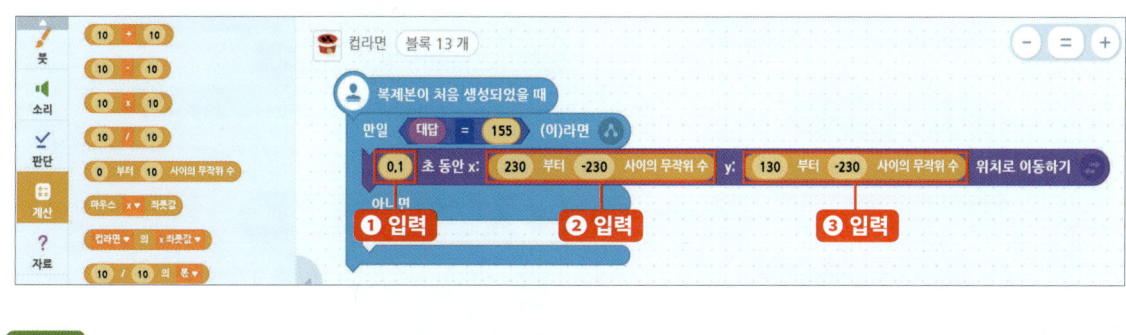

❹ 이어서 아니면 블록 안에 [시작] - [오답▼] 신호 보내기 블록을 끼워 넣은 후 다시 [오답▼] 신호를 받았을 때 블록을 그림과 같은 위치에 연결한 후 [목록 상자](▼) 단추를 클릭하여 [정답]을 선택합니다.

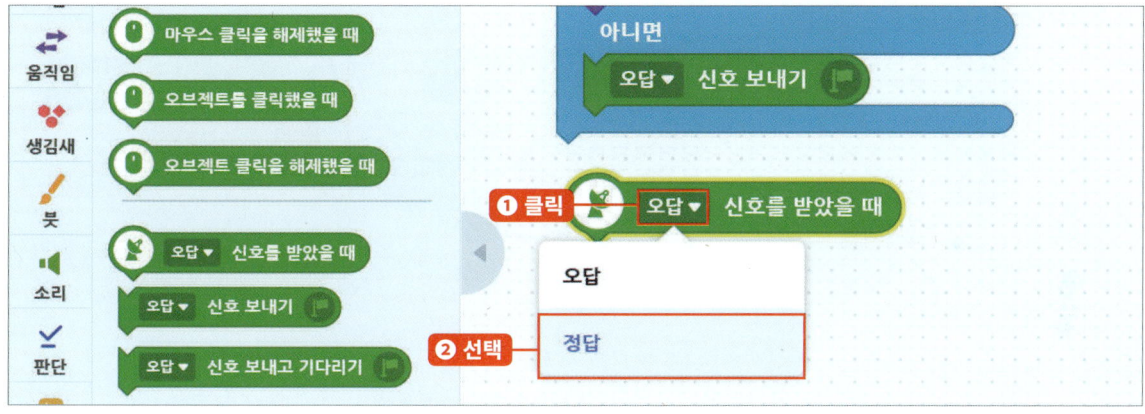

❺ 이어서 [흐름] - 10 번 반복하기 블록을 그림과 같은 위치에 연결한 후 [자료] - 대답 블록을 끼워 넣은 다음 [흐름] - [자신▼]의 복제본 만들기 블록을 연결합니다.

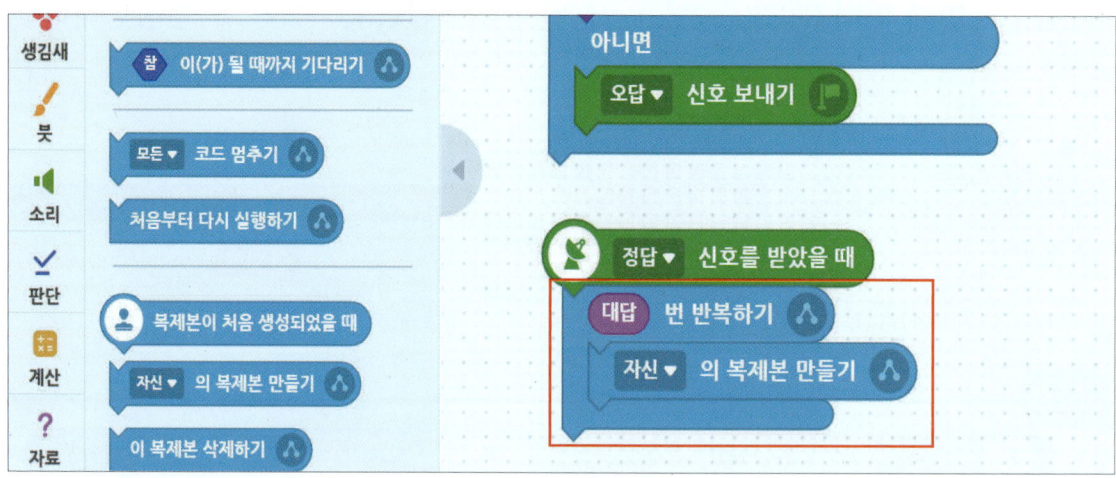

❻ 마지막으로 [시작] - [오답▼] 신호를 받았을 때 블록과 [생김새] - 모양 숨기기 블록을 연결합니다.

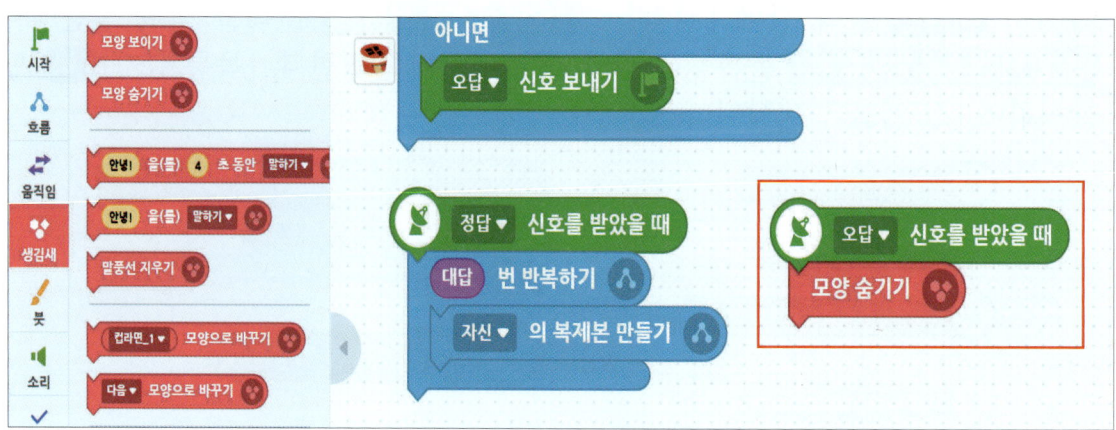

04 폭발하는 라면 상자 만들기

① '수상한 라면 상자' 오브젝트를 선택하고 [모양] 탭 - [모양 추가하기] 단추를 클릭합니다.

② 모양 추가하기에서 [환경] - [폭발(1)_3] 오브젝트를 추가한 후 다시 [종이 상자_1] 오브젝트 선택하고 [블록] 탭을 클릭합니다.

Chapter 07 하와이 별장에 도착한 수상한 라면 상자 • **73**

❸ 폭발하는 라면 상자를 만들기 위해 [시작] - [오답▼] 신호를 받았을 때 블록과 [생김새] - [종이 상자1▼] 모양으로 바꾸기 블록을 연결한 후 [목록 상자](▼)에서 [폭발(1)_3]을 선택합니다.

❹ 작품이 완성되면 [▶ 시작하기] 단추를 클릭하여 실행 화면에서 정답과 오답을 입력한 후 정답 신호를 받았을 때 '스스로 복제하는 컵라면'과 오답 신호를 받았을 때 '라면 상자가 폭발'하는 장면을 확인합니다.

74 • 코딩마불 AI여행

코딩메이킹존

Chapter 07

▫ **예제 파일 :** 07 수상한 선물 상자.ent

1 신호를 만들어 '축하하는 모습' 오브젝트를 코딩해 봅니다.

2 정답/오답 신호를 받았을 때를 코딩해 봅니다.

Chapter 07 하와이 별장에 도착한 수상한 라면 상자 • **75**

Chapter 08 부다페스트 호텔 탈출기

#글상자 추가 #함수 정의하기 #글쓰기 블록 #변수 만들기

 오늘의 학습목표

■ **예제 파일** : 08강 호텔 탈출기.ent   ■ **완성 파일** : 08강 호텔 탈출기_완성.ent

함수로 글쓰기 블록을 만드는 방법에 대해 알아봅니다.
변수를 만들어 데이터를 저장하는 방법에 대해 알아봅니다.

 코딩 상식   변수란?

변수(Variable)는 수학적인 의미로 변할 수 있는 숫자라고 표현하지만, 프로그래밍에서는 그 의미를 포함하면서 저장이라는 개념을 더해 '하나의 값을 저장할 수 있는 저장공간'으로 정의하며 코딩에서는 정보를 저장하고 꺼내는 기억 상자라고 쉽게 생각하면 됩니다.

상자에 숫자나 문자를 저장해 두고, 나중에 같은 곳에 넣어서 사용합니다.
- 이름 상자 : "태양"
- 나이 상자 : 9
- 좋아하는 색상 상자 : "파랑"

01 글상자 추가하기

① 엔트리 계정에 로그인한 후 상단 메뉴에서 [불러오기]( ) - [오프라인 작품 불러오기]를 클릭하여 '08 호텔 탈출기.ent' 파일을 불러온 후 [+ 오브젝트 추가하기] 단추를 클릭합니다.

TIP
배경 이미지는 Bing creator image에서 AI가 생성한 부다페스트 호텔 탈출기 이미지입니다.

② 오브젝트 추가하기에서 [글상자] 탭을 클릭한 후 글꼴(▼)을 클릭하여 [산돌 목각]을 선택합니다.

Chapter 08 부다페스트 호텔 탈출기 · **77**

❸ 글꼴 색상(가▲)을 클릭하여 팔레트에서 [흰색]을 선택하고 채우기 색상(🪣▲)을 클릭하여 [검정]을 선택합니다.

❹ 텍스트 입력란에 '부다페스트 호텔 탈출기'로 입력한 후 [추가하기] 단추를 클릭합니다.

TIP

완성된 글상자 ⋯▶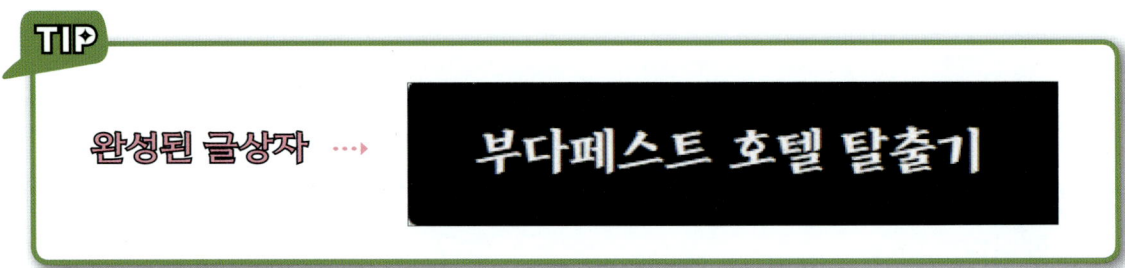

02 함수로 글쓰기 블록 만들기

❶ 글상자가 추가되면 블록 꾸러미의 [함수] 블록을 클릭한 후 [함수 만들기] 단추를 클릭합니다.

❷ 블록 조립소에 있는 `함수 정의하기 함수` 블록의 내용을 `글쓰기` 로 수정합니다.

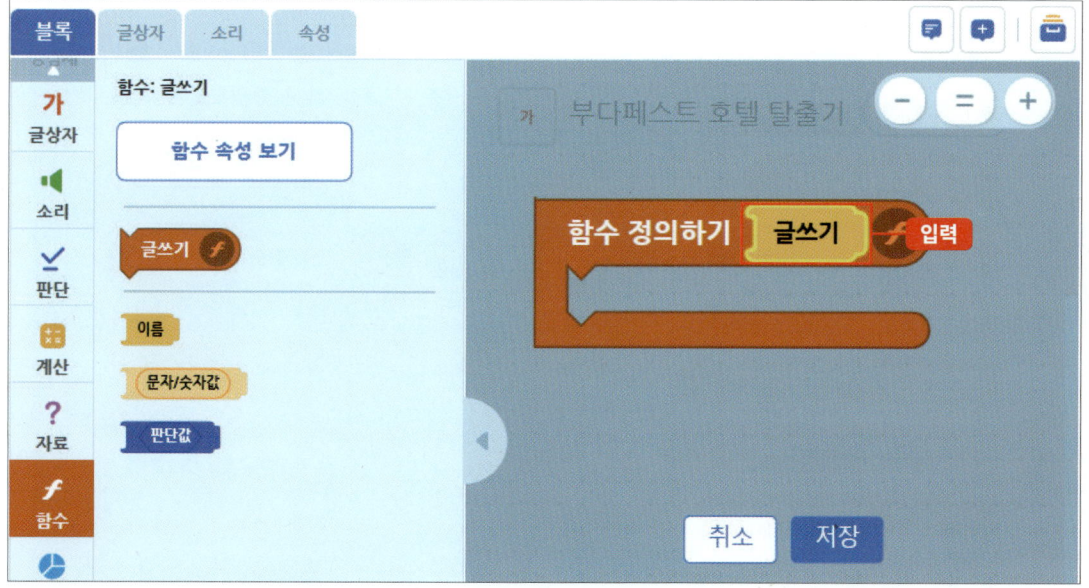

> **TIP**
> 코딩에서 함수는 코드 블록의 집합을 하나의 블록으로 묶어서 재사용 가능하게 만드는 개념입니다. 함수 블록을 사용하면 복잡한 작업을 더 간단하게 만들고, 코드를 더 구조화하고 재사용할 수 있습니다.

❸ 블록 꾸러미에서 문자/숫자값 블록을 드래그하여 글쓰기 블록 옆에 연결합니다.

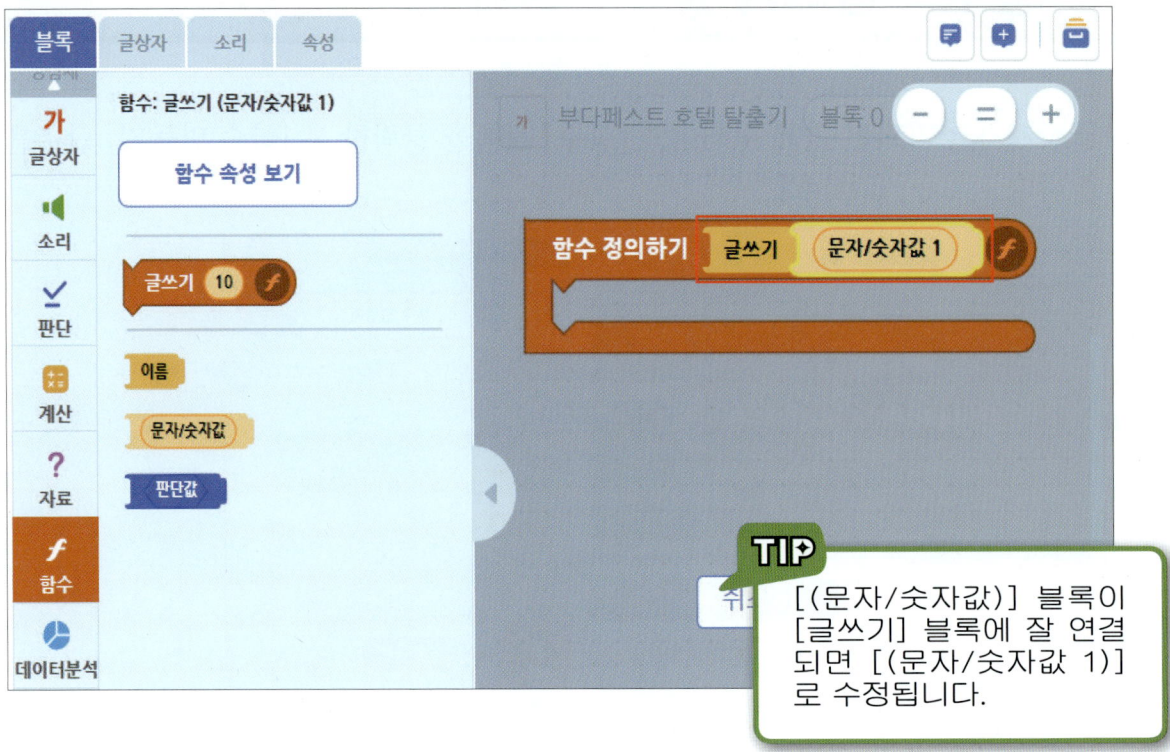

TIP
[(문자/숫자값)] 블록이 [글쓰기] 블록에 잘 연결되면 [(문자/숫자값 1)]로 수정됩니다.

❹ 이어서 [글상자] - 텍스트 모두 지우기 블록을 연결합니다.

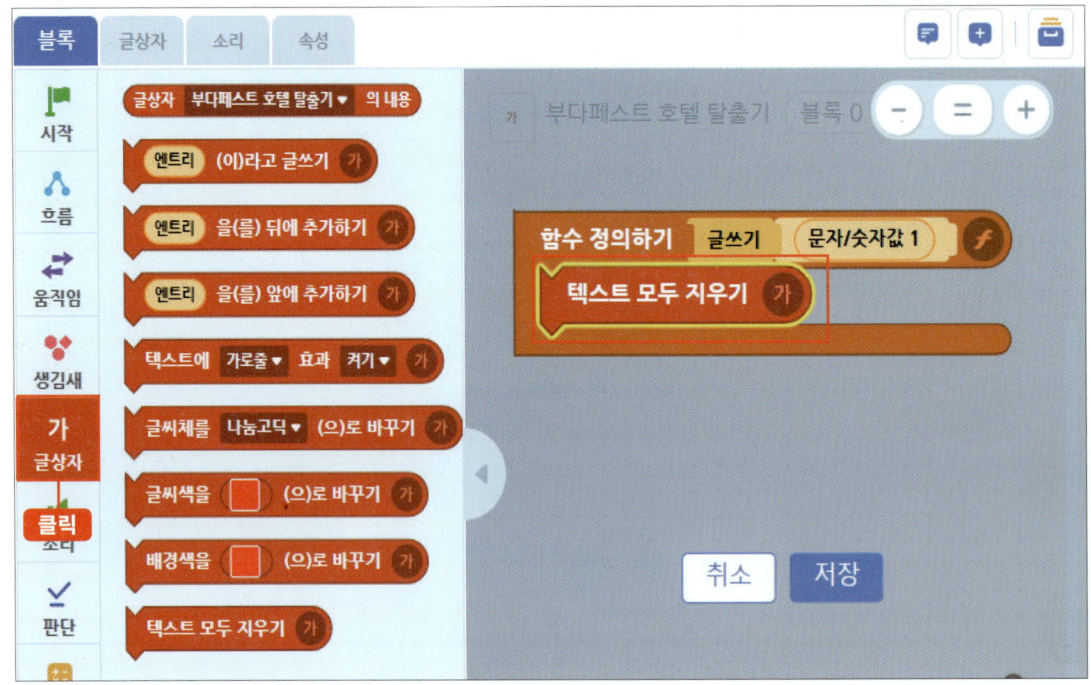

03 글을 저장하는 변수 블록 만들기

1 변수를 만들기 위해 [자료] - [변수 만들기] 단추를 클릭합니다.

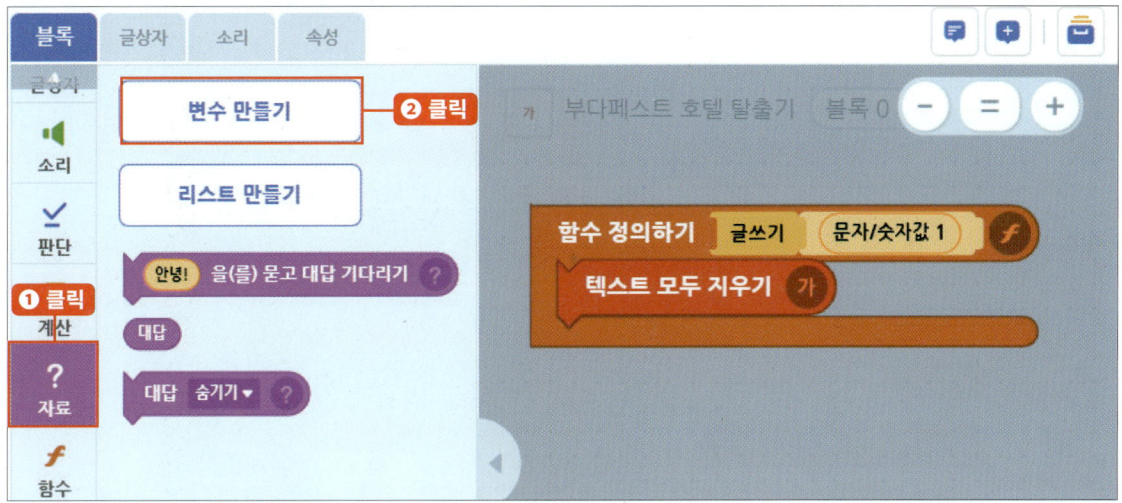

2 변수 이름은 '글'로 입력하고 [변수 추가] 단추를 클릭한 후 [블록] 탭을 클릭합니다.

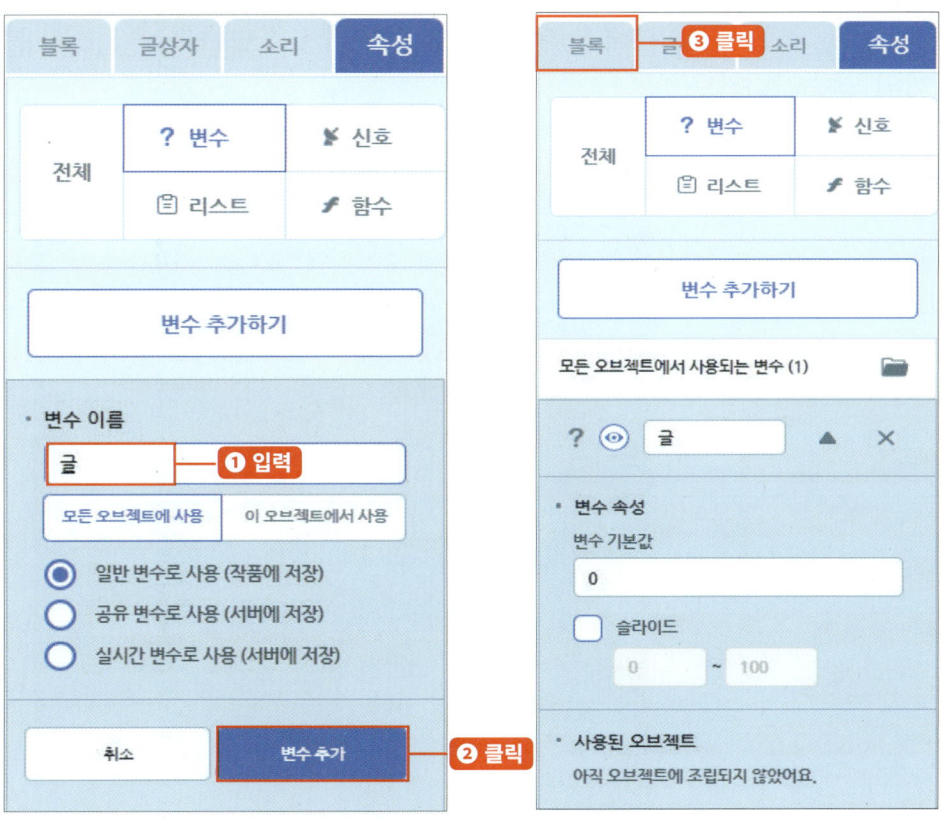

Chapter 08 부다페스트 호텔 탈출기 • **81**

❸ 새로 만든 변수 블록 중 [글▼] 를 (10) (으)로 정하기 블록을 연결한 후 입력값(1)을 수정합니다.

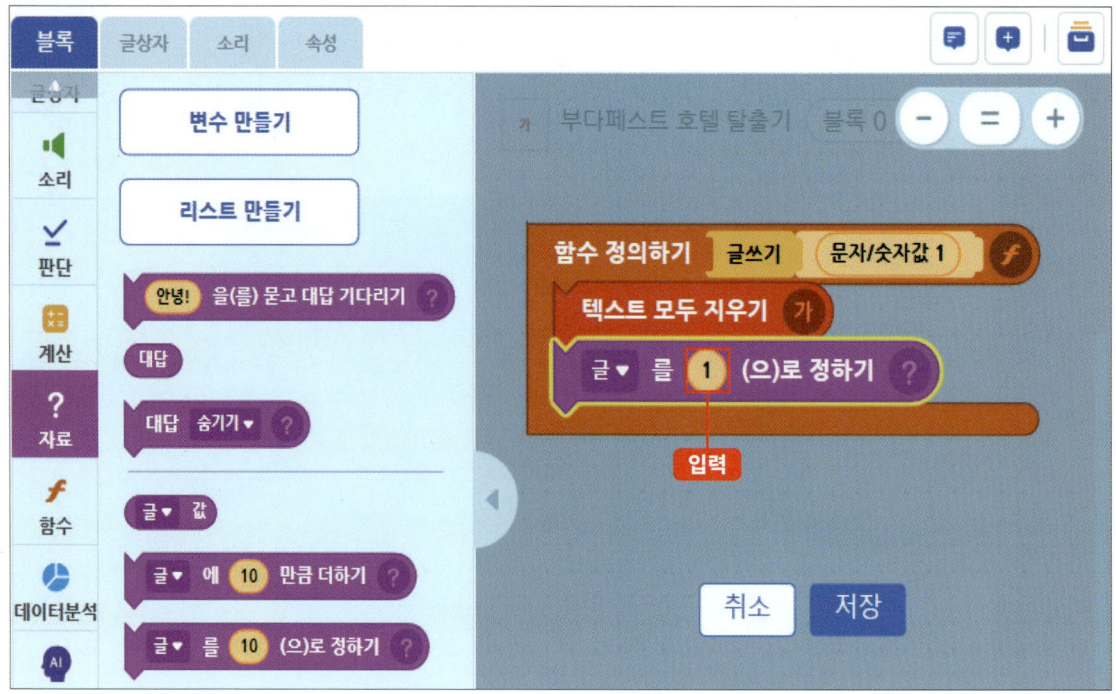

❹ 이어서 [흐름] - 10 번 반복하기 블록을 연결한 후 [계산] - 엔트리 의 글자 수 블록을 그림과 같이 끼워 넣습니다.

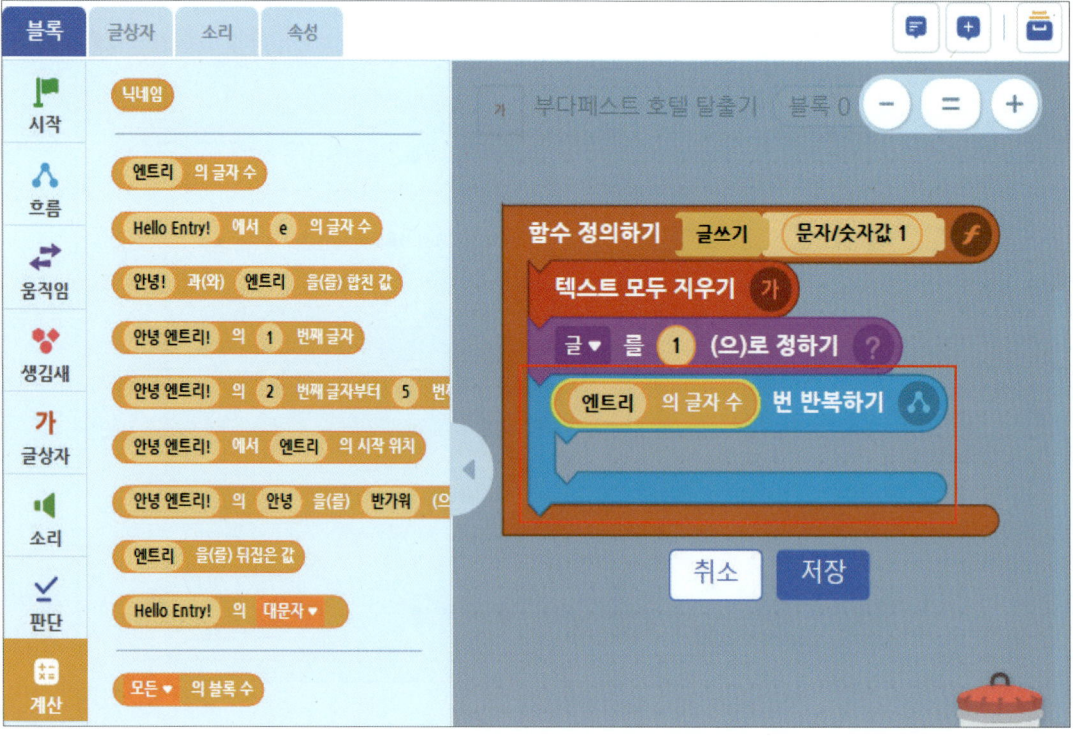

82 • 코딩마불 AI여행

04 코드 복사하고 붙여넣기

① 코드를 복사하기 위해 [함수 정의하기] 블록에서 `문자/숫자값 1` 블록을 선택하고 [마우스 오른쪽 버튼]을 클릭하여 [코드 복제하기]를 선택한 후 복사된 `문자/숫자값 1` 블록을 `엔트리` 블록에 끼워 넣습니다.

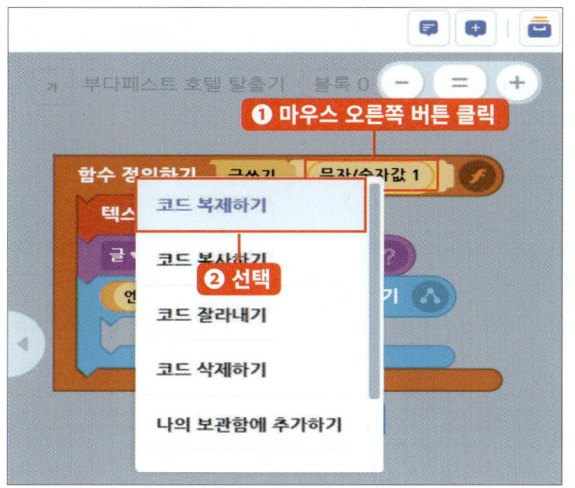
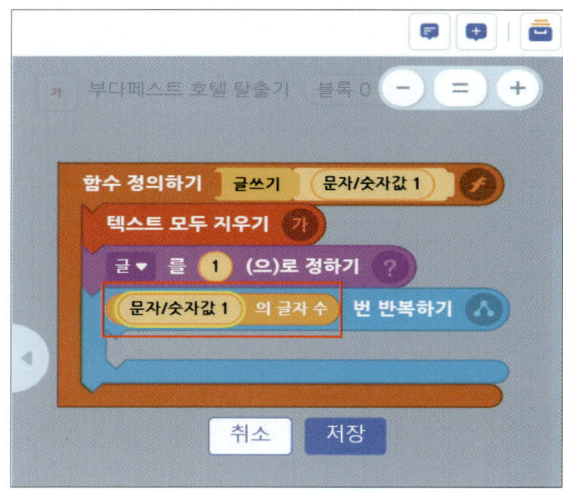

② 이어서 [글상자] - `엔트리 을(를) 뒤에 추가하기` 블록을 그림과 같이 연결한 후 [계산] - `안녕 엔트리! 의 1 번째 글자` 블록을 `엔트리` 블록 안에 끼워 넣습니다.

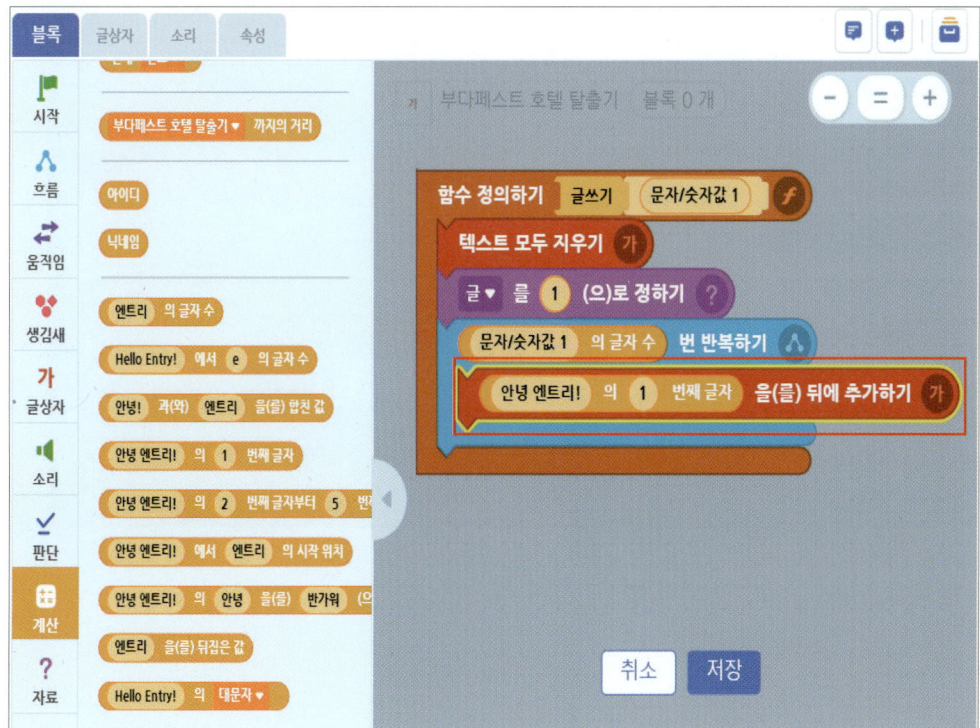

❸ 다시 `문자/숫자값 1` 코드를 복제하여 `안녕 엔트리!` 블록 안에 끼워 넣은 후 [자료] - `[글▼]값` 블록을 드래그하여 입력값 `1` 블록 안에 끼워 넣습니다.

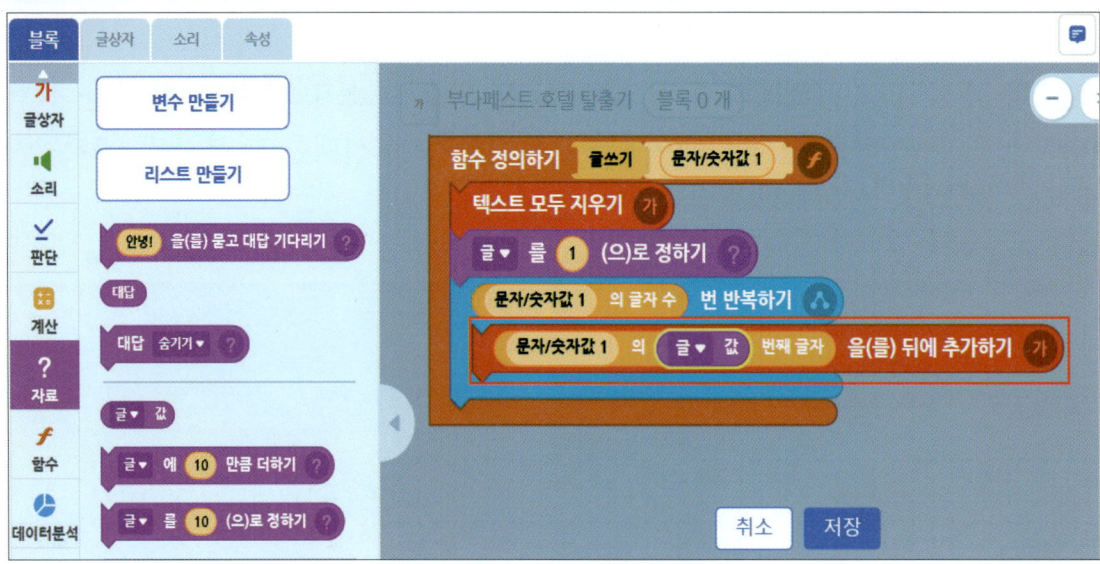

❹ 이어서 [자료] - `[글▼]에 10 만큼 더하기` 블록을 연결하고 입력값(1)을 수정한 후 [흐름] - `2 초 기다리기` 블록을 연결하고 입력값(0.1)을 수정한 다음 [저장] 단추를 클릭합니다.

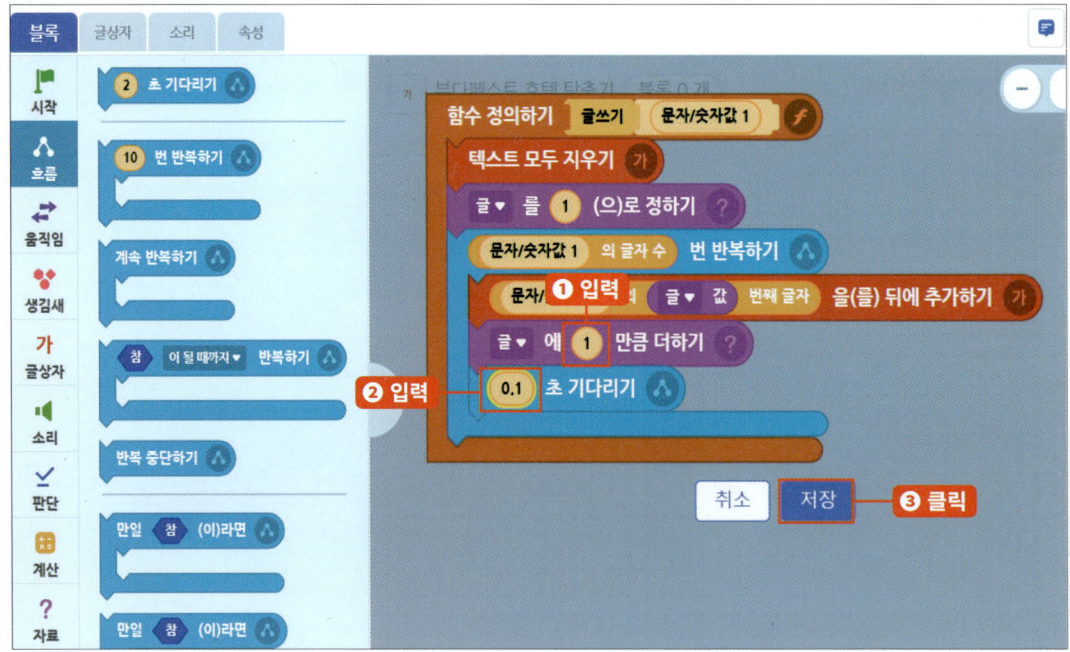

05 글쓰기 블록으로 호텔 탈출기 쓰기

❶ 호텔 탈출기를 쓰기 위해 [시작] - 시작하기 버튼을 클릭했을 때 블록과 [흐름] - 2초 기다리기 블록을 연결한 다음 입력값(1)을 수정한 후 [생김새] - 모양 보이기 블록을 연결합니다.

❷ 이어서 [함수] - 글쓰기 10 블록을 연결하고 내용을 '어두운 밤 부다페스트 호텔에 도착했다.'로 수정한 후 [흐름] - 2초 기다리기 블록을 연결한 다음 입력값(1)을 수정합니다.

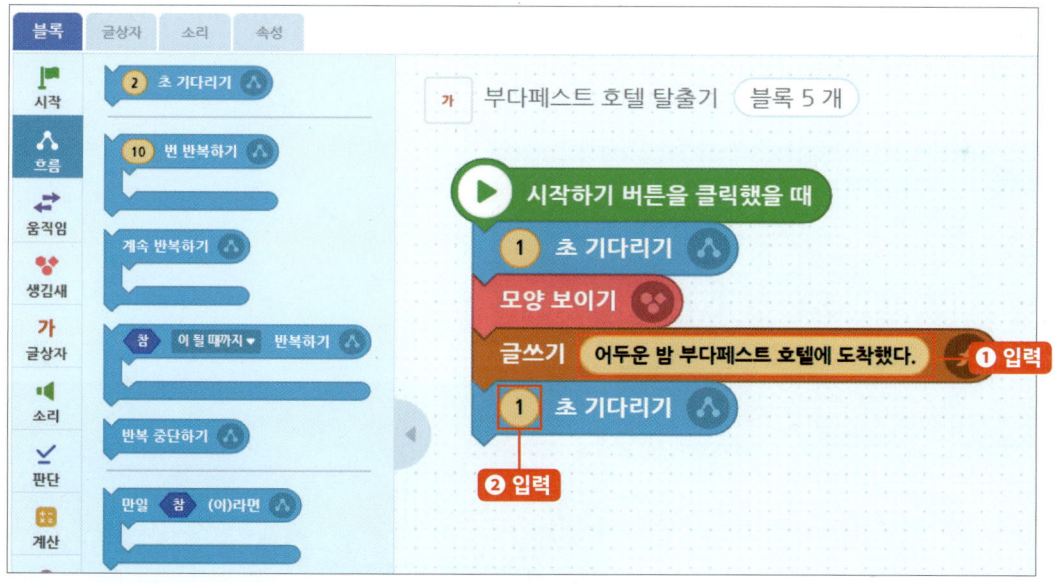

❸ 같은 방법으로 [함수] - 글쓰기 10 블록과 [흐름] - 2 초 기다리기 블록을 연결한 후 두 번째 내용은 '당신의 방은 404호..', 세 번째 내용은 '황금열쇠를 찾아 탈출하시오!!'로 수정하고 입력값(1)을 수정합니다.

❹ 작품이 완성되면 [▶ 시작하기] 단추를 클릭하여 실행 화면에서 부다페스트 호텔 탈출기를 확인합니다.

코딩메이킹존

Chapter 08

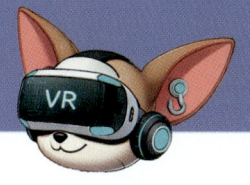

▣ 예제 파일 : 08 유령 맨션 탈출기.ent

1 함수 정의하기에서 [글] 변수를 추가하여 코드를 만들어 봅니다.

2 글쓰기 블록에 유령 탈출기를 작성해 보고, 코드를 실행해 봅니다.

Chapter 08 부다페스트 호텔 탈출기 • **87**

Chapter 09 404호 객실의 요란한 불빛 끄기

#색깔 효과 #신호 추가하기 #효과 지우기 #키보드 이벤트

 오늘의 학습목표

■ 예제 파일 : 09강 404호 객실.ent   ■ 완성 파일 : 09강 404호 객실_완성.ent

신호를 추가하여 색깔 효과를 지우는 방법에 대해 알아봅니다.
키보드 이벤트를 만드는 방법에 대해 알아봅니다.

 코딩 상식   신호란?

신호(Signal)는 프로그램이나 시스템에서 특정 이벤트가 발생하도록 유도하거나 작업을 조정하기 위해 사용되는 제어 메시지입니다. 즉, 컴퓨터 프로그램이나 시스템이 어떤 일이 있음을 느끼거나, 어떤 행동을 시작하게 만드는 약속된 메시지입니다. 예를 들어, 배경에 있는 색상 효과를 모두 지우기 위해 "효과 지우기" 신호를 보냅니다. "효과 지우기" 신호가 나타나면 모든 배경에 있는 색상 효과가 사라집니다.

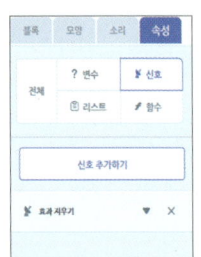 

88 • 코딩마불 AI여행

01 요란한 불빛 배경 만들기

① 엔트리 계정에 로그인한 후 상단 메뉴에서 [불러오기]( ) - [오프라인 작품 불러오기]를 클릭하여 '09강 404호 객실.ent' 파일을 불러온 후 오브젝트 목록에서 [9강_호텔404호(배경)]을 선택한 다음 [시작] - 시작하기 버튼을 클릭했을 때 블록을 연결합니다.

② 이어서 [생김새] - 색깔▼ 효과를 100 (으)로 정하기 블록을 연결한 후 [흐름] - 계속 반복하기 블록과 2 초 기다리기 블록을 그림과 같이 연결하고 입력값(1)을 수정한 후 [생김새] - 색깔▼ 효과를 10 만큼 주기 블록을 연결하고 입력값(20)을 수정합니다.

❸ 신호를 만들기 위해 [속성] 탭을 클릭하고 [신호] - [신호 추가하기] 단추를 클릭한 후 신호 이름은 '효과 지우기'로 입력한 다음 [신호 추가] 단추를 클릭합니다. 새로운 신호가 추가되면 [블록] 탭을 클릭합니다.

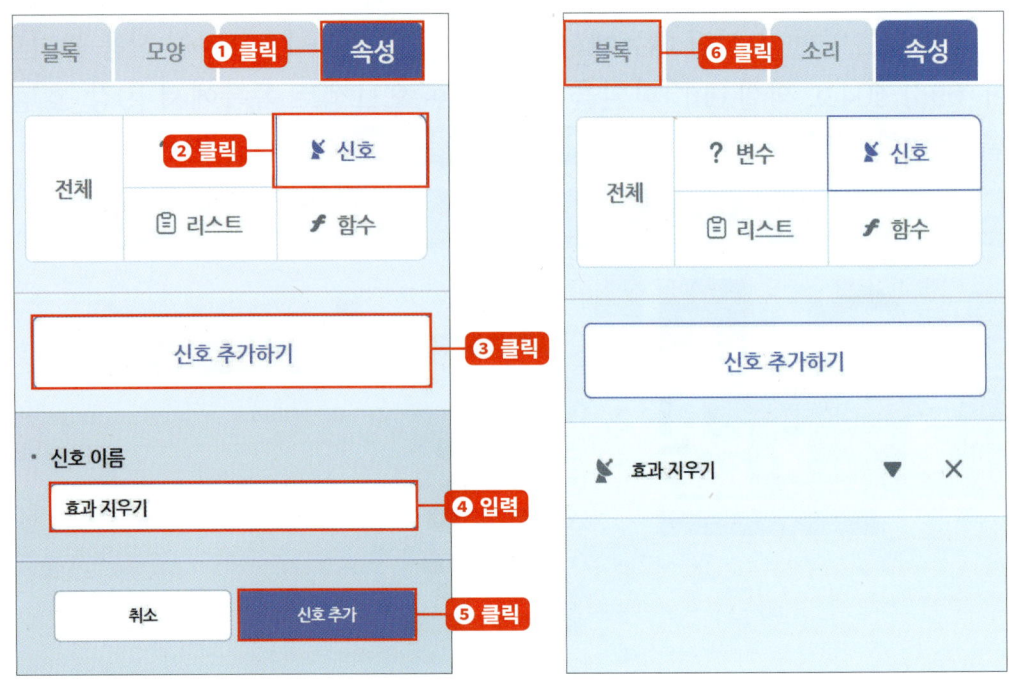

❹ 신호 블록을 연결하기 위해 [시작] - [효과 지우기▼] 신호를 받았을 때 블록을 연결한 후 [흐름] - 10 번 반복하기 블록과 [생김새] - 효과 모두 지우기 블록을 연결합니다.

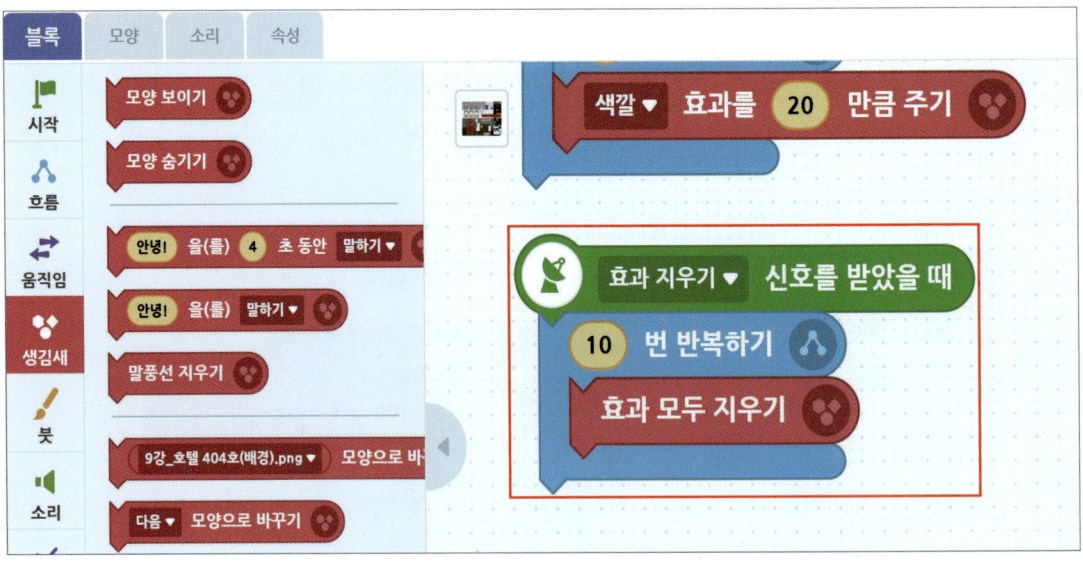

❺ 다시 아래에서 [흐름] - `2 초 기다리기` 블록을 연결하고 입력값(1)을 수정한 후 [생김새] - `안녕! 을(를) [말하기▼]` 블록을 연결한 다음 내용을 '불 끄기 성공!! 호텔 로비에서 비밀 단서를 찾으시오!'로 수정합니다.

❻ 마지막으로 [흐름] - `2 초 기다리기` 블록을 연결하고 입력값(3)을 수정한 후 [시작] - `[다음▼] 장면 시작하기` 블록을 연결합니다.

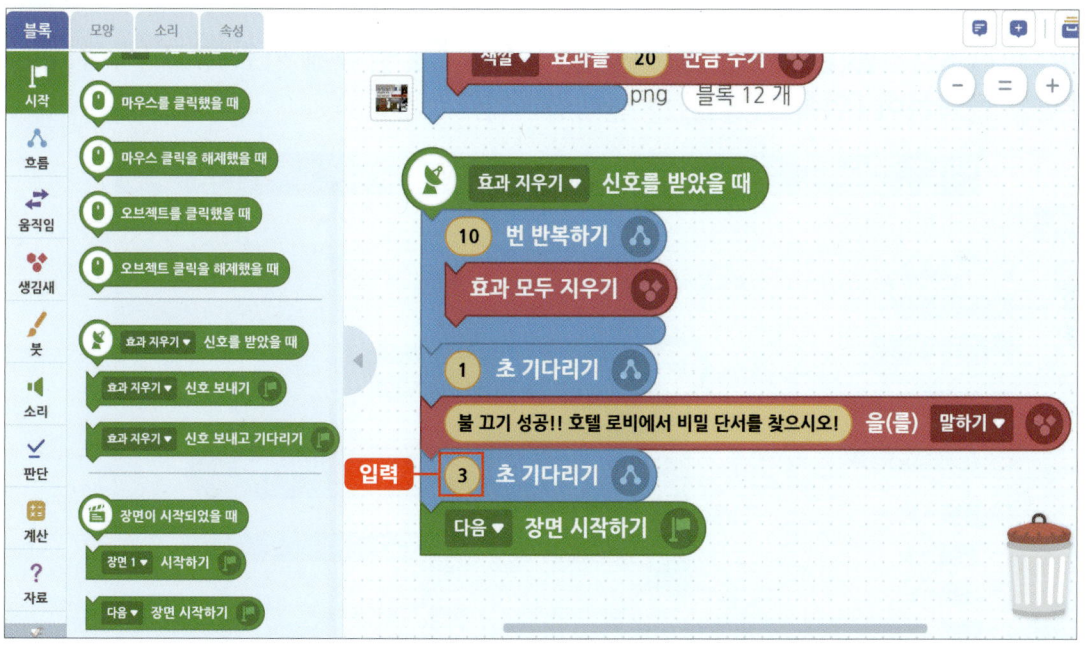

02 방향키로 엔트리봇 움직이기

❶ 움직이는 엔트리봇을 만들기 위해 [엔트리봇] - [[묶음] 걷기 옆모습] 오브젝트를 추가한 후 [시작] - 시작하기 버튼을 클릭했을 때 블록을 연결하고 [흐름] - 계속 반복하기 블록과 만일 참 (이)라면 블록을 연결합니다.

❷ 이어서 [판단] - [q▼] 키가 눌러져 있는가? 블록을 참 블록에 끼워 넣고 [목록 상자](▼) 단추를 클릭하여 [위쪽 화살표]를 선택합니다.

❸ 이어서 [움직임] - y좌표를 10 만큼 바꾸기 블록을 연결하고 입력값(2)을 수정한 후 만일 [위쪽 화살표▼] 키가 눌러져 있는가? (이)라면 블록을 선택하고 [마우스 오른쪽 버튼]을 클릭하여 [코드 복제하기]를 선택합니다.

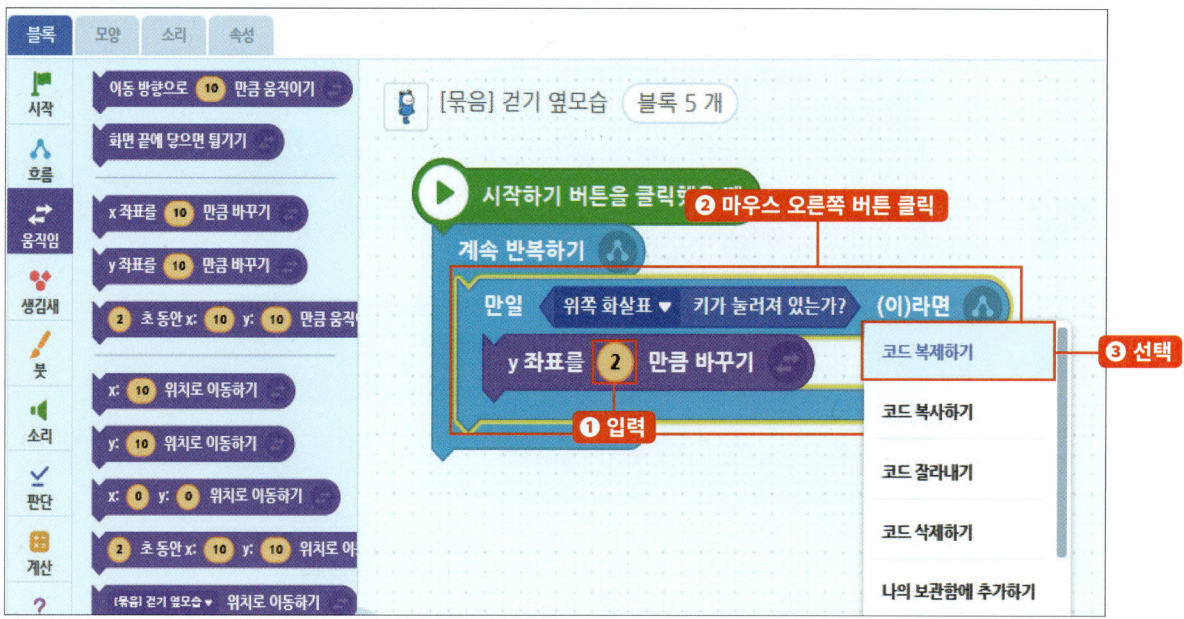

❹ 복제된 블록을 그림과 같이 연결한 후 [목록 상자](▼) 단추를 클릭하여 [아래쪽 화살표]를 선택하고, y 좌표 입력값 (-2)을 수정합니다.

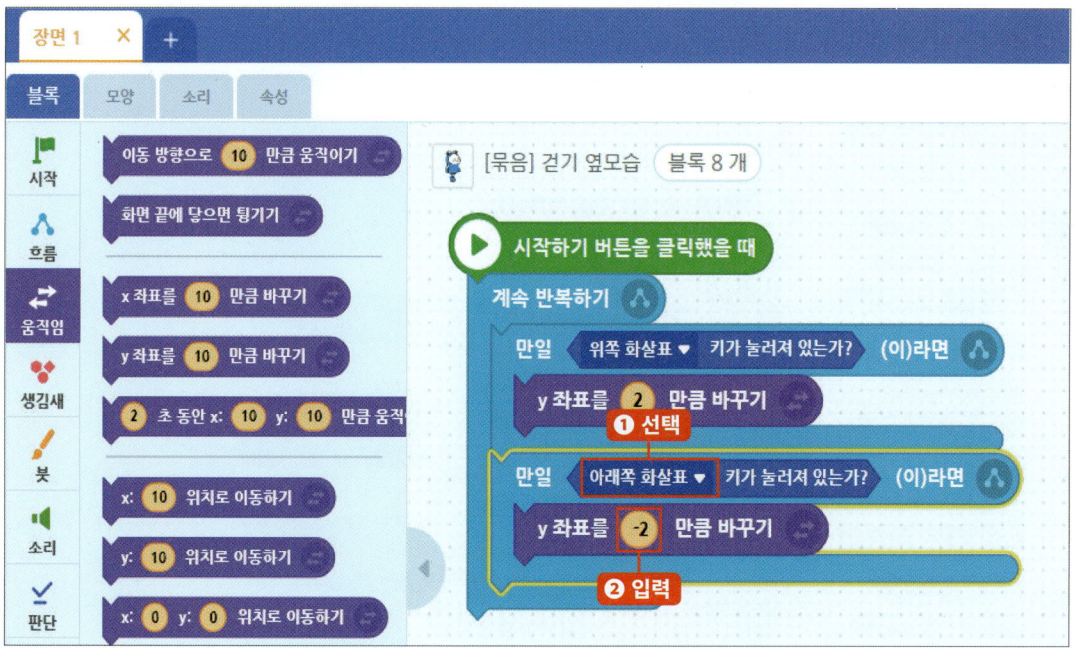

Chapter 09 404호 객실의 요란한 불빛 끄기 • **93**

❺ 다시 코드를 복제하여 연결한 후 [목록 상자](▼) 단추를 클릭하여 [오른쪽 화살표]를 선택한 다음 `y 좌표를 -2 만큼 바꾸기` 블록을 선택하고 [마우스 오른쪽 버튼]을 눌러 [코드 삭제하기]를 선택하여 코드를 삭제합니다.

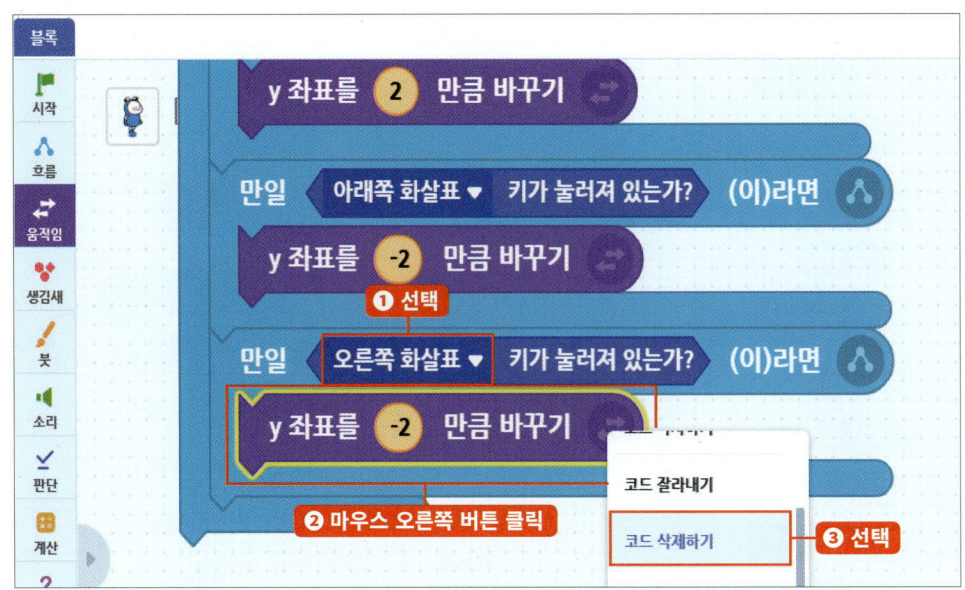

❻ 코드가 삭제되면 [움직임] - `x 좌표를 10 만큼 바꾸기` 블록을 연결하고 입력값(2)을 수정한 후 같은 방법으로 복제하여 연결한 다음 [왼쪽 화살표]로 선택하고 x 좌표 입력값 (-2)을 수정합니다.

03 벽난로에 꺼진 불 만들기

① 오브젝트 목록에서 [불(2)]을 선택한 다음 [시작] - `시작하기 버튼을 클릭했을 때` 블록을 연결하고 [흐름] - `계속 반복하기` 블록과 `만일 참 (이)라면` 블록을 연결합니다.

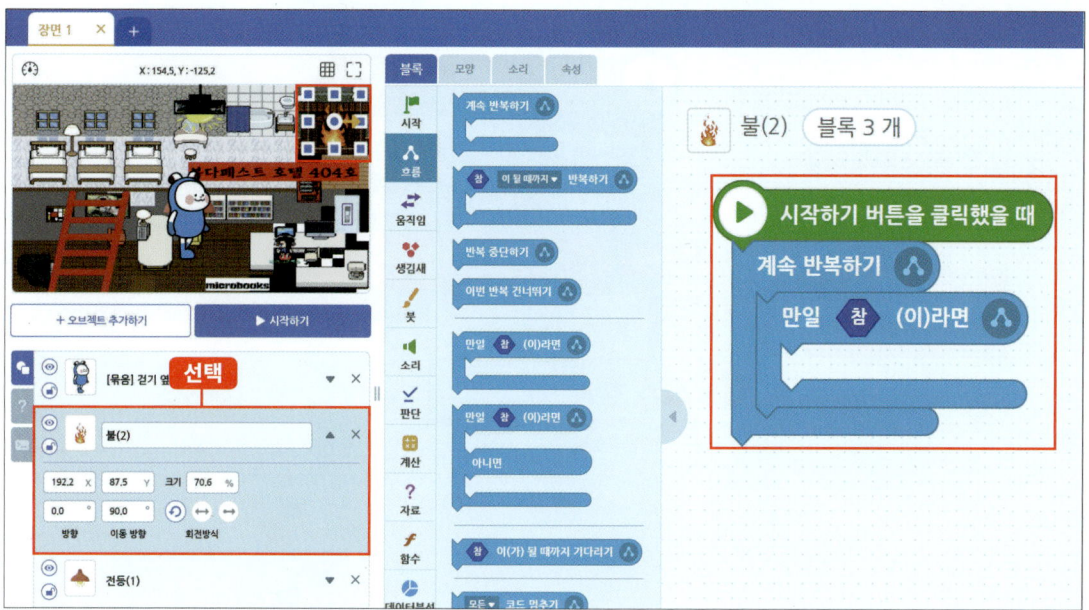

② 이어서 [판단] - `[마우스 포인터▼]에 닿았는가?` 블록을 `참` 블록에 끼워 넣고 [목록 상자] (▼) 단추를 클릭하여 [[묶음] 걷기 옆모습]을 선택합니다.

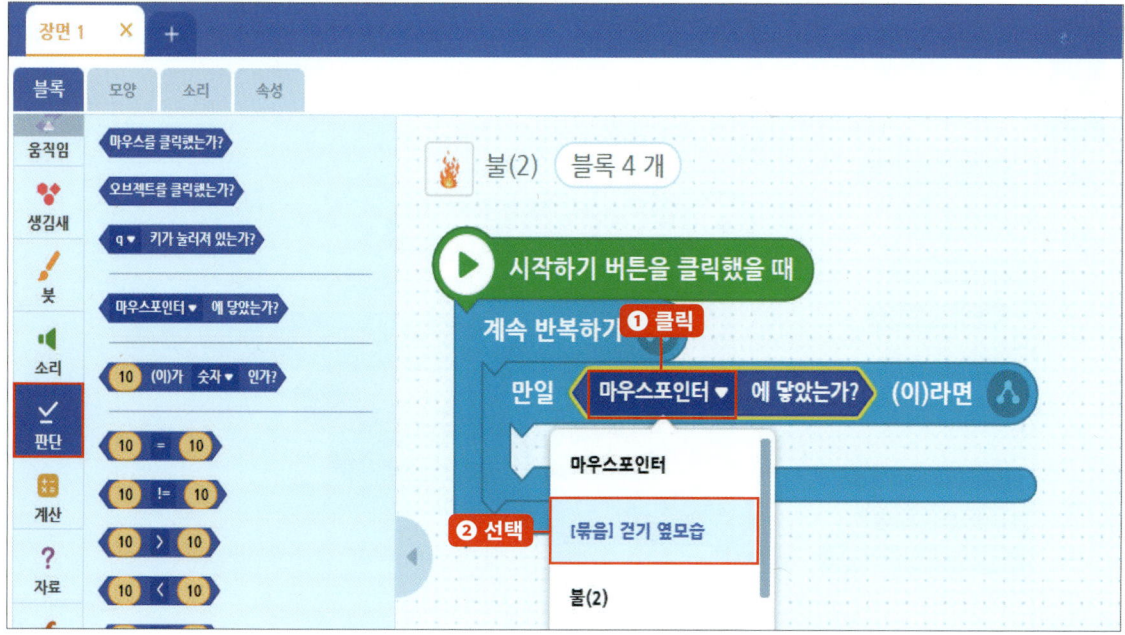

Chapter 09 404호 객실의 요란한 불빛 끄기 • 95

❸ 벽난로에 불을 끄기 위해 [생김새] - [불▼] 모양으로 바꾸기 블록을 연결하고 [목록 상자] (▼) 단추를 클릭하여 [꺼진 불]을 선택합니다.

❹ 마지막으로 [시작] - [효과 지우기▼] 신호 보내기 블록을 연결합니다.

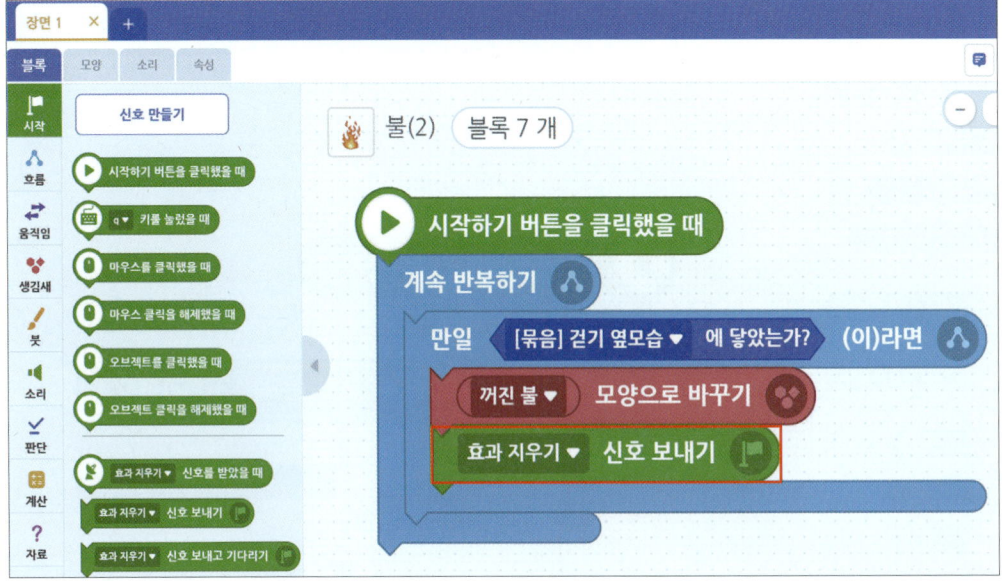

04 방향키로 엔트리봇 움직이기

① 작품이 완성되면 [▶ 시작하기] 단추를 클릭하여 다양한 색깔로 바뀌는 배경 화면을 확인합니다.

② 키보드의 방향키로 엔트리봇을 움직여 불을 끄면 "불 끄기 성공!! 호텔 로비에서 비밀 단서를 찾으시오!"라는 말풍선이 나타납니다.

TIP
키보드의 ▲ ▼ ◀ ▶ 방향키를 눌러 엔트리봇을 움직입니다.

Chapter 09

코딩메이킹존

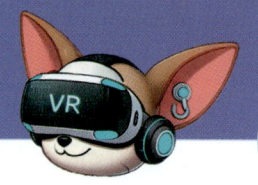

■ 예제 파일 : 09강 4층 유령 맨션.ent

1 유령 오브젝트가 효과 지우기 신호를 받았을 때를 코딩해 봅니다.

2 글쓰기 블록에 유령 탈출기를 작성해 보고, 코드를 실행해 봅니다.

Chapter 10 호텔 탈출 30초 전

#황금열쇠 #단서 찾기 #호텔 지배인 #탈출 시간 30초

오늘의 학습목표

■ **예제 파일** : 10강 호텔 탈출.ent   ■ **완성 파일** : 10강 호텔 탈출_완성.ent

○ 초시계 오브젝트를 만드는 방법에 대해 알아봅니다.
○ 여러 장면을 이어서 실행하는 블록 코딩에 대해 알아봅니다.

코딩 상식 — 키보드 이벤트란?

컴퓨팅에서 이벤트(event)란 프로그램에 의해 감지되고 처리될 수 있는 동작이나 사건을 말합니다. 사용자가 키보드의 키를 누르는 것이 가장 대표적인 이벤트 발생 중의 하나입니다.

`q▼ 키가 눌러져 있는가?`
블록을 사용한 키보드 이벤트

01 황금열쇠 만들기

1 엔트리 계정에 로그인한 후 상단 메뉴에서 [불러오기]( ) - [오프라인 작품 불러오기]를 클릭하여 '10강 호텔 탈출.ent' 파일을 불러온 후 호텔 로비로 가기 위해 [장면 2]를 클릭합니다.

2 황금열쇠를 만들기 위해 오브젝트 추가하기에서 [물건] - [열쇠]를 추가하고 그림과 같은 위치로 이동한 후 [시작] - `장면이 시작되었을 때` 블록을 연결하고 [흐름] - `계속 반복하기` 블록과 `만일 참 (이)라면` 블록을 그림과 같이 연결합니다.

TIP 황금열쇠의 크기를 조절점(■)으로 조절해 봅니다.

❸ [판단] - [마우스 포인터▼] 에 닿았는가? 블록을 참 블록에 끼워 넣고 [목록 단추](▼)를 클릭하여 [[묶음] 걷기 옆모습1]을 선택합니다.

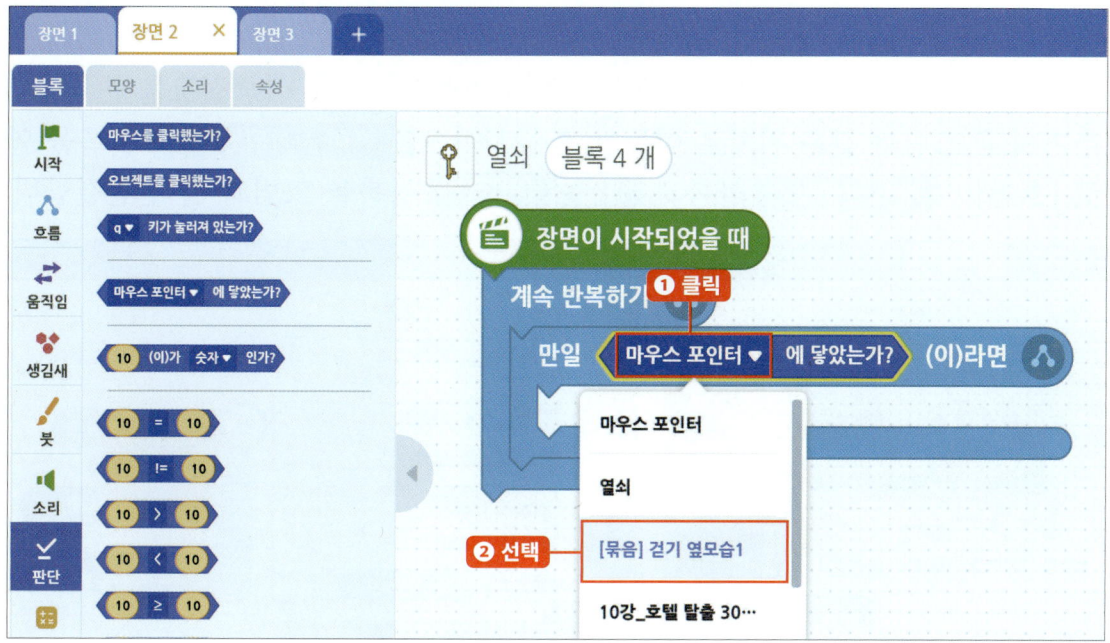

❹ 이어서 [생김새] - 안녕! 을(를) 4 초 동안 [말하기▼] 블록을 연결하고 내용은 '탈출 방법!! 호텔 카운터에서 숙박료를 지불하시오!'로 수정하고 입력값(2)을 수정합니다.

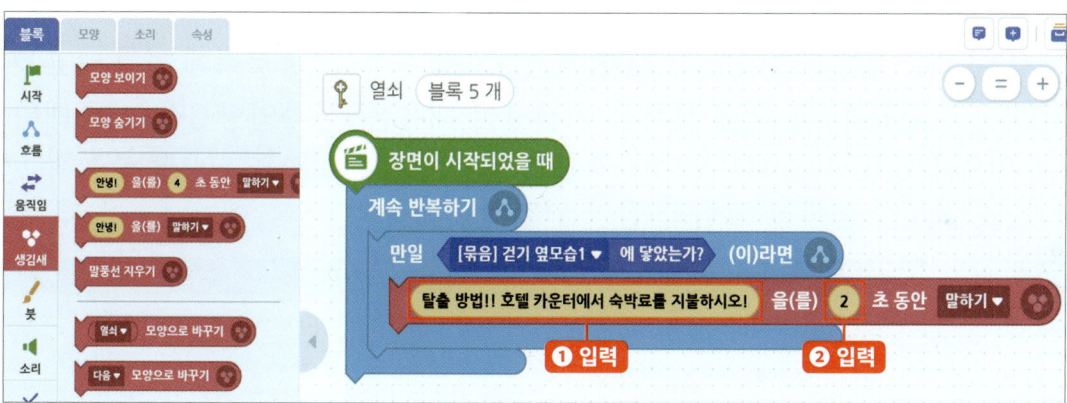

02 호텔 지배인 만들기

❶ 호텔 지배인을 만들기 위해 오브젝트 추가하기에서 [사람] - [중절모를 쓴 사람(1)]을 추가하고 그림과 같은 위치로 이동한 후 [시작] - 장면이 시작되었을 때 블록을 연결하고 [흐름] - 계속 반복하기 블록과 만일 참 (이)라면 블록을 그림과 같이 연결합니다.

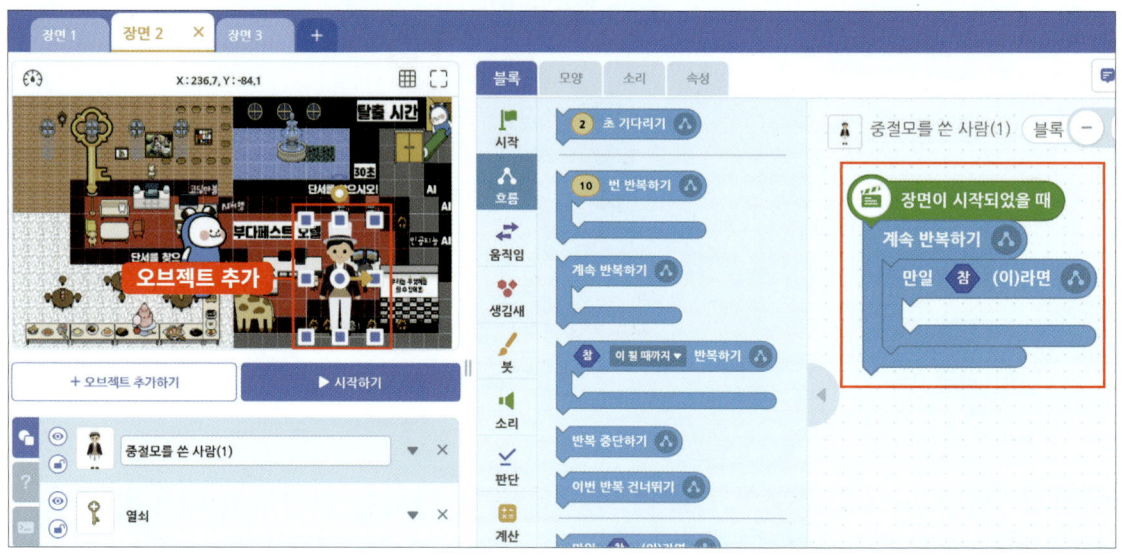

❷ 이어서 [판단] - [[묶음] 걷기 옆모습1▼] 에 닿았는가? 블록을 참 블록에 끼워 넣고 [자료] - 안녕! 을(를) 묻고 대답 기다리기 블록을 연결하여 내용은 '신사임당 3장+세종대왕 4장+율곡 이이 2장을 지불하시오!'로 수정한 후 [흐름] - 2 초 기다리기 블록과 [자료] - 대답 [숨기기▼] 블록을 그림과 같이 연결합니다.

③ 이어서 [흐름] - `만일 참 (이)라면 / 아니면` 블록을 연결하고 [판단] - `<10 = 10>` 블록을 `참` 블록에 끼워 넣은 후 [자료] - `대답` 블록을 첫 번째 블록에 끼워 넣고 두 번째는 입력값(200000)을 수정한 다음 [속성] 탭을 클릭합니다.

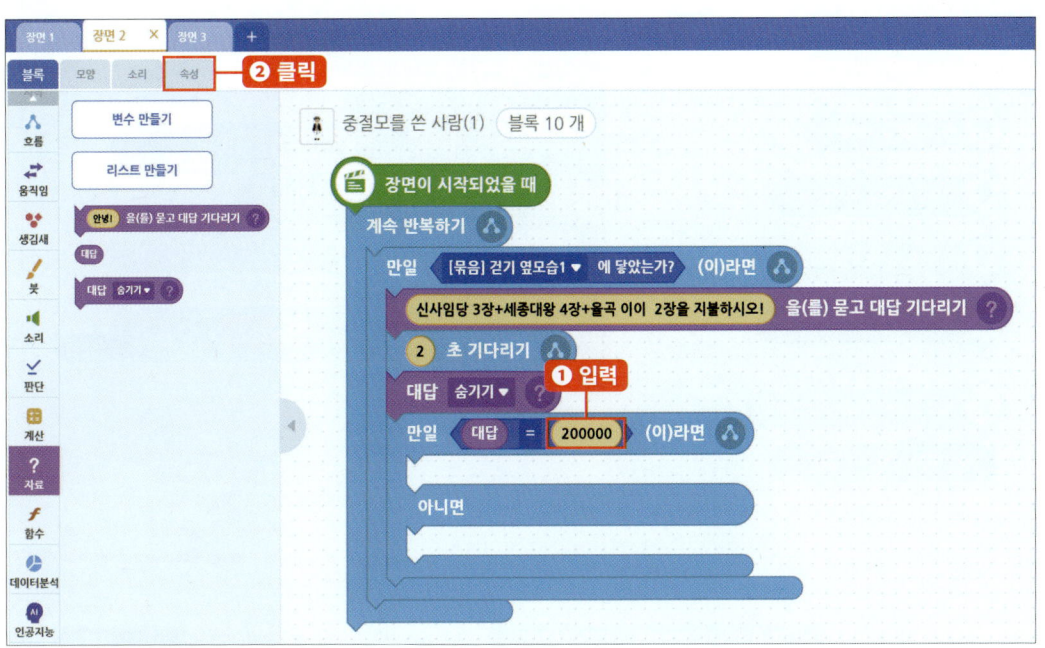

④ 속성에서 [신호] - [신호 추가하기] 단추를 클릭하고 신호 이름은 '탈출 성공'이라고 입력한 다음 [신호 추가] 단추를 클릭한 후 같은 방법으로 '탈출 실패' 신호를 추가한 다음 [블록] 탭을 클릭합니다.

 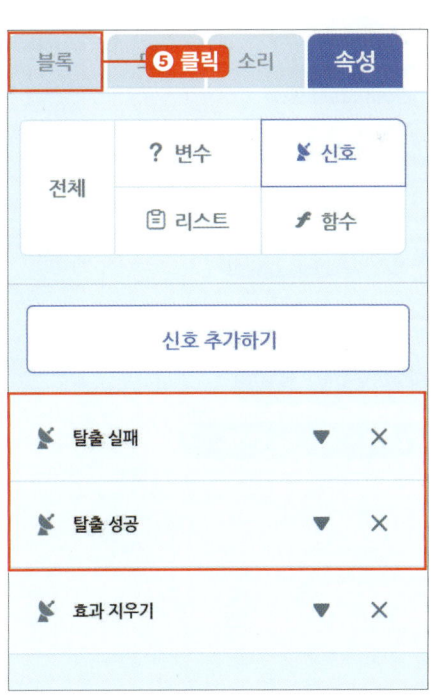

Chapter 10 호텔 탈출 30초 전 • **103**

❺ 신호가 추가되면 [시작] - [탈출 실패▼] 신호 보내기 블록을 연결하고 [목록 상자](▼) 단추를 클릭하여 [탈출 성공]을 선택합니다.

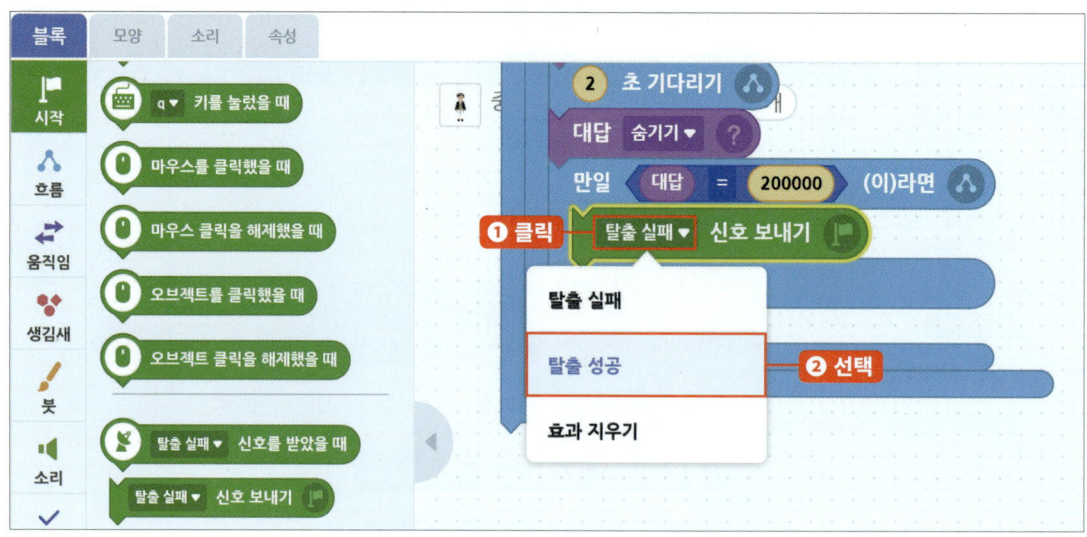

❻ 이어서 [시작] - [다음▼] 장면 시작하기 블록을 연결하고 아니면 블록에 [탈출 실패▼] 신호 보내고 기다리기 블록을 연결합니다.

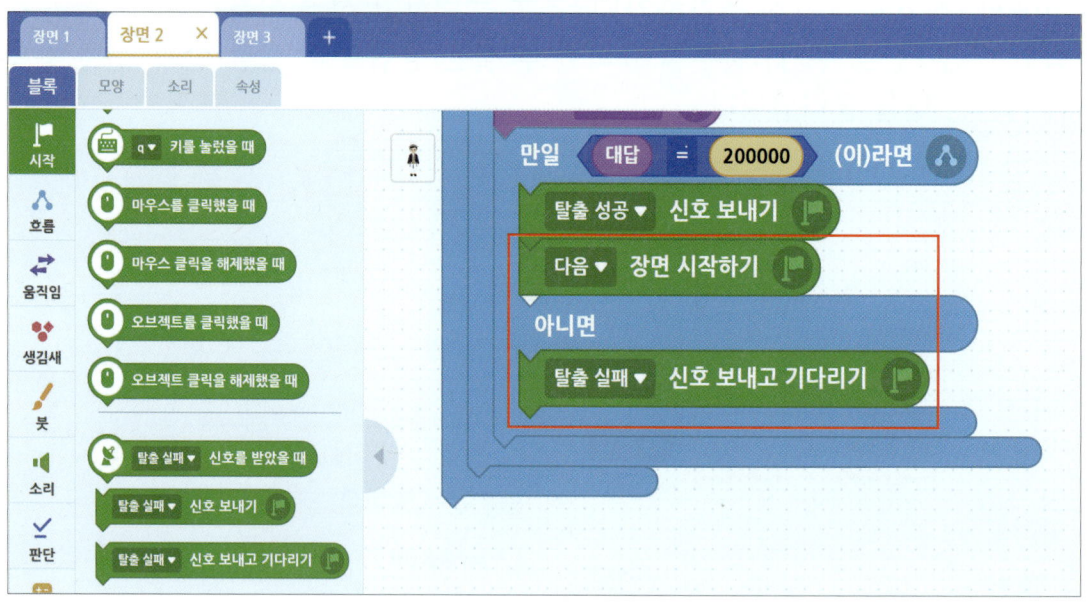

104 • 코딩마불 AI여행

03 초시계 만들기

① 초시계를 만들기 위해 [+ 오브젝트 추가하기] 단추를 클릭하고 [글상자] 탭을 클릭하여 [글꼴] - [잘난체], [글꼴 색상] - [빨강], [채우기 색상] - [흰색]을 선택하고 내용은 '탈출 시간'이라고 입력한 후 [추가하기] 단추를 클릭합니다.

② 탈출 시간 오브젝트를 그림과 같은 위치로 이동시킨 후 [시작] - `장면이 시작되었을 때` 블록을 연결하고 [계산] - `초시계 [시작하기▼]` 블록과 `초시계 [숨기기▼]` 블록을 연결합니다.

Chapter 10 호텔 탈출 30초 전 • 105

❸ 이어서 [흐름] - 계속 반복하기 블록을 연결하고 [글상자] - 엔트리 (이)라고 글쓰기 블록을 연결한 후 내용은 '남은 시간'으로 수정한 다음 엔트리 을(를) 뒤에 추가하기 블록을 연결합니다.

❹ 이어서 [계산] - 10-10 블록을 엔트리 블록에 끼워 넣고 첫 번째 입력값(30)을 수정하고 두 번째에는 10 의[제곱▼] 블록을 끼워 넣은 후 입력값에 초시계 값 블록을 끼워 넣고 [제곱] 블록의 [목록 상자](▼) 단추를 클릭하여 [소수점 버림값]을 선택합니다.

5 [글상자] - 엔트리 을(를) 뒤에 추가하기 블록을 연결하고 내용을 '초'로 수정한 다음 [흐름] - 만일 참 (이)라면 블록을 연결한 후 [판단] - <10 ≥ 10> 블록을 참 블록 안에 끼워 넣고 첫 번째 입력값에는 [계산] - 초시계 값 블록을 끼워 넣고 두 번째 입력값(30)을 수정합니다.

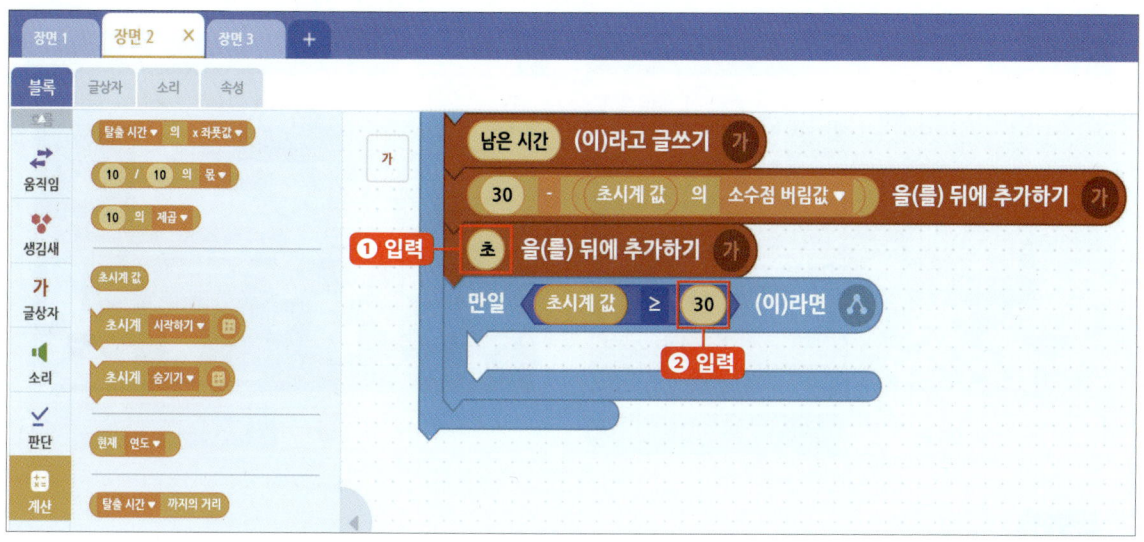

6 [글상자] - 엔트리 (이)라고 글쓰기 블록을 연결하고 내용을 '탈출 실패!'로 수정한 후 [흐름] - 반복 중단하기 블록을 연결합니다.

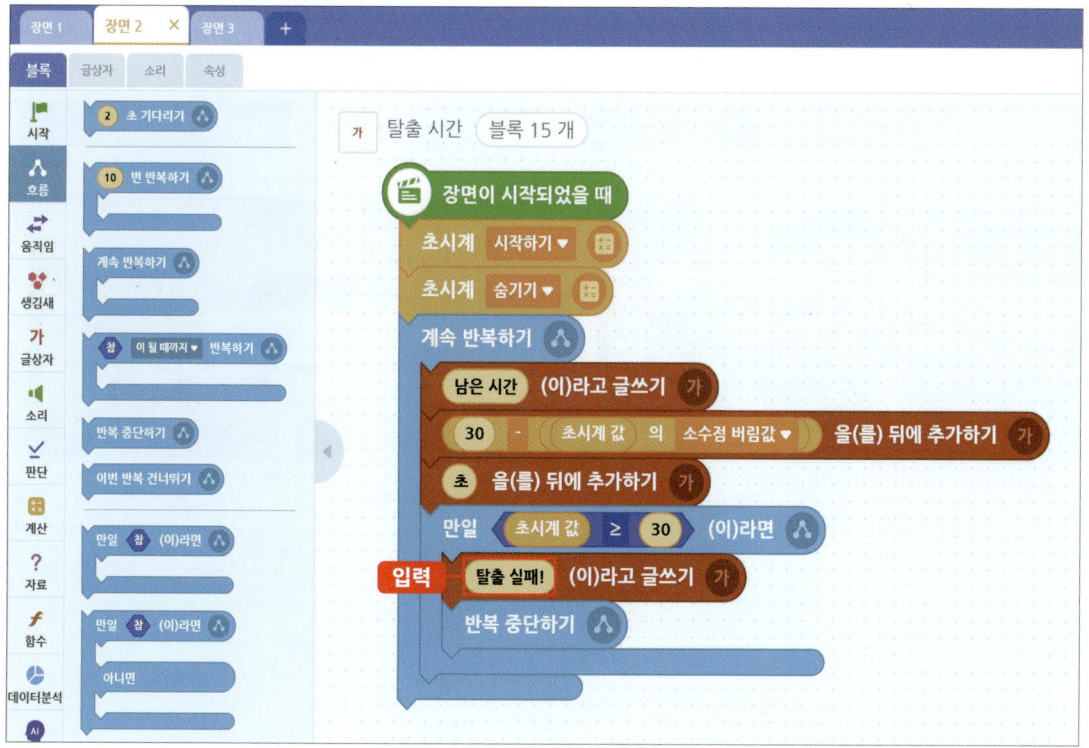

Chapter 10 호텔 탈출 30초 전 • **107**

04 장면 이어서 실행하기

❶ '장면 2'가 완성되면 [장면 1] 탭을 클릭한 후 [▶ 시작하기] 단추를 클릭합니다.

> **TIP**
> 초시계(초시계 0.0)와 대답(대답 0)을 드래그하여 위치를 변경할 수 있습니다.

❷ '장면 1'에서 엔트리봇을 움직여 불 끄기를 성공하면 '장면2'로 가서 30초 안에 탈출 방법을 알려주는 단서를 찾습니다.

❸ 탈출 방법을 찾았다면 퀴즈를 보고 아래 입력란에 '정답'을 입력한 후 (✓) 단추를 클릭합니다.

❹ 정답을 맞히면 '장면 3' 실행 화면이 나타나며 부다페스트 호텔 탈출 성공을 알리는 불꽃 축제 영상을 확인할 수 있습니다.

❺ 만약 30초 안에 부다페스트 호텔 탈출에 실패하면 실행 화면에서 탈출 시간 오브젝트가 "탈출 실패"로 나타납니다.

Chapter 10

코딩메이킹존

📁 예제 파일 : 10강 맨션 탈출.ent

1 유령 오브젝트가 효과 지우기 신호를 받았을 때를 코딩해 봅니다.

넌센스 퀴즈
- **Quiz** : 태양이 왕이 되면?
  정답 : 해킹
- **Quiz** : 세상에서 가장 지루한 중학교는?
  정답 : 로딩중

2 글쓰기 블록에 유령 탈출기를 작성해 보고, 코드를 실행해 봅니다.

탈출에 성공하면 [장면 3]이 나타납니다.

PART 02 인공지능 Universe+

AI 유니버스

인공지능 콘텐츠에서 다양한 이야기가 펼쳐지는 가상의 생성형 AI 세계

Hello! 마이크로봇 인공지능에 대해 알려줘

챗마이크로봇 ∨

인공지능이란?

인공지능(Artificial Intelligence)은 컴퓨터가 사람처럼 똑똑하게 행동하고, 스스로 학습할 수 있도록 만든 기술이에요. 인공지능은 많은 데이터를 보고 배워요. 마치 친구들이 공부하면서 새로운 것을 알아가는 것처럼, 컴퓨터도 데이터를 통해 똑똑해져요. 그래서 인공지능이 발전하면 사람들의 일을 많이 줄이고, 다양한 문제를 해결하는 데 도움을 줄 수 있어요.

인공지능은 누가 만들었어요?

1936년의 앨런 튜링

인공지능은 특별한 한 사람이 만든 것이 아니라 많은 연구자들이 오랜 시간 함께 발전시켜 온 기술이에요. 인공지능의 첫 시작은 1950년대에 앨런 튜링(Alan Turing)이라는 영국의 수학자가 "기계가 인간처럼 생각할 수 있는가?"라는 질문을 던지며 인공지능 연구의 시작을 열었어요. 튜링은 컴퓨터가 사람처럼 중립적으로 행동할 수 있는지 판단하는 "튜링 테스트"라는 개념을 제안했어요.

그 후 1956년 미국의 다트머스 대학에서 열리는 학회에서 "인공지능(AI)"이라는 단어가 처음 사용되었어요. 그 후 인공지능을 연구하는 학자들부터 모여서 컴퓨터가 문제를 풀고, 언어를 이해하고, 구현할 수 있도록 연구를 시작했어요.

AI 역사

- **1950년**: 앨런 튜링에 의해 컴퓨터의 지능을 판별하는 튜링 테스트 제안
- **1956년**: 다트머스 회의에서 인공지능(AI)이라는 용어가 처음 제안됨
- **1958년**: 인간의 뉴런과 뇌를 모방한 인공신경망 퍼셉트론 제안
- **1970년**: 투자 중단 등으로 인공지능 연구의 암흑기 도래
- **1980년**: 전문가의 지식과 경험을 프로그래밍한 '전문가시스템' 제안
- **1996년**: IBM 딥블루 체스 대회에서 인간 챔피언에게 승리
- **2006년**: 딥 러닝 알고리즘 제안
- **2016년**: 구글 알파고 이세돌에게 승리
- **2020년**: 자연어 처리 챗GPT, GPT-4 같은 언어 모델이 특징

챗마이크로봇 ∨

인공지능과 사람의 공통점은 무엇일까요?

인공지능과 사람의 공통점은 "배우고 문제를 처리하는 능력"을 가지고 있다는 점과 "실수"를 통해 개선하는 과정이라는 점에서 본질적으로 같아요. 사람이 시험 문제를 풀 때 틀릴 수도 있고, 친구 이름을 잘못 부를 수도 있는 것처럼, 인공지능도 문제를 풀 때 자주 틀릴 때가 있어요. 이런 점은 계속 배우면서 점점 더 나은 방향으로 나아가는 거예요.

우리 생활 속 인공지능 기술은?

1. 스마트폰 비서

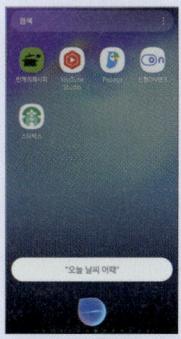

아이폰의 시리나 삼성의 빅스비를 통해 음성으로 "오늘 날씨 어때?" 혹은, "엄마한테 전화해 줘"라고 하면 음성으로 도움을 받을 수 있게 도와요.

2. 음악과 영상 추천 시스템

유튜브나 론 같은 플랫폼에서 자주 보는 콘텐츠를 기반으로 사용자에게 맞는 비디오를 추천해 주는 것도 인공지능 덕분이에요.

3. 스마트 제품

최신에는 로봇 청소기 뿐만 아니라 냉장고, 세탁기, 에어컨 등에도 인공지능이 들어가 있어요. 예를 들어 AI 냉장고는 내부에 있는 식품의 신선도를 관리해요.

4. 챗봇

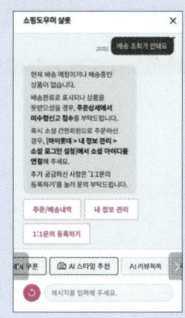

온라인 커뮤니티나 고객 센터에서 챗봇이 고객의 질문에 답변하는 것도 인공지능이에요.

5. 의료 진단

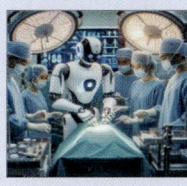

인공지능은 병원에서도 필요해요. 예를 들어, X-ray나 MRI 이미지를 분석해 초기 단계의 암을 찾거나, 의료 기록을 바탕으로 고객에게 도움을 주는 역할을 해요.

Chapter 11

투닝 GPT로 인공지능 윤리 퀴즈 만들기

#투닝 GPT #인공지능 윤리 #초성 퀴즈 만들기

오늘의 학습목표

■ 예제 파일 : 11강 AI 초성 퀴즈.ent   ■ 완성 파일 : 11강 AI 초성 퀴즈_완성.ent

대화형 투닝 GPT로 인공지능 윤리에 대해 알아봅니다.
AI 윤리 퀴즈를 만들고 코드를 수정하는 방법에 대해 알아봅니다.

코딩 상식 — 투닝이 알려주는 인공지능 윤리란?

인공지능 윤리 원칙은 인공지능(AI) 기술의 개발과 사용에 있어 기준과 가이드라인을 제시하는 중요한 요소입니다. 이러한 원칙들은 AI의 책임 있는 사용을 보장하고, 잠재적인 위험을 최소화하며, 사회적 신뢰를 구축하는 데 도움을 줍니다. 일반적으로 논의되는 인공지능 원칙은 투명성, 공정성, 책임, 개인정보 보호, 안전성, 지속 가능성, 인간 중심입니다. 이러한 원칙들은 AI 기술의 발전이 인류에게 긍정적인 영향을 미치는 데 도움을 줄 수 있습니다. 따라서 AI 개발자와 사용자 모두가 이 원칙들을 준수하는 것이 중요합니다.

01 투닝 시작하기

① 투닝(https://www.tooning.io) 홈페이지에 접속한 후 [로그인]을 클릭하여 로그인합니다.

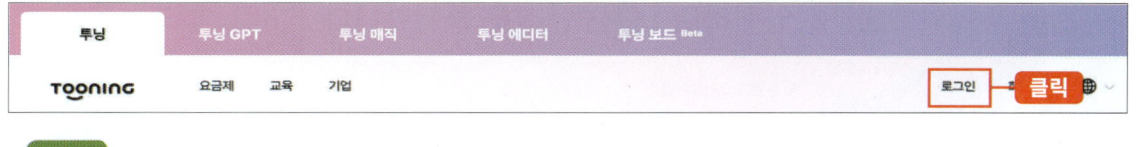

> **TIP** 투닝에 가입하는 방법은 10 페이지에서 확인할 수 있습니다.

② 로그인이 완료되면 상단의 [투닝 GPT]를 클릭한 후 [캐릭터]에서 [직업] - [AI 콘텐츠 크리에이터]를 클릭합니다.

> **TIP** 로그인을 하면 투닝 GPT를 일일 무료로 10회 검색할 수 있습니다.

투닝이란?

투닝 GPT는 다양한 화자에게 학생들이 직접 생각하고 질문하여 답을 얻음으로써 스스로 공부하고 정보를 획득하도록 돕는 플랫폼입니다.

02 ▶ 투닝 GPT로 대화하기

❶ AI 콘텐츠 크리에이터가 선택되면 질문을 하기 위해 문장 입력 창에 '인공지능 윤리의 원칙은 무엇인가요?'를 입력하고 (↑) 단추를 클릭합니다.

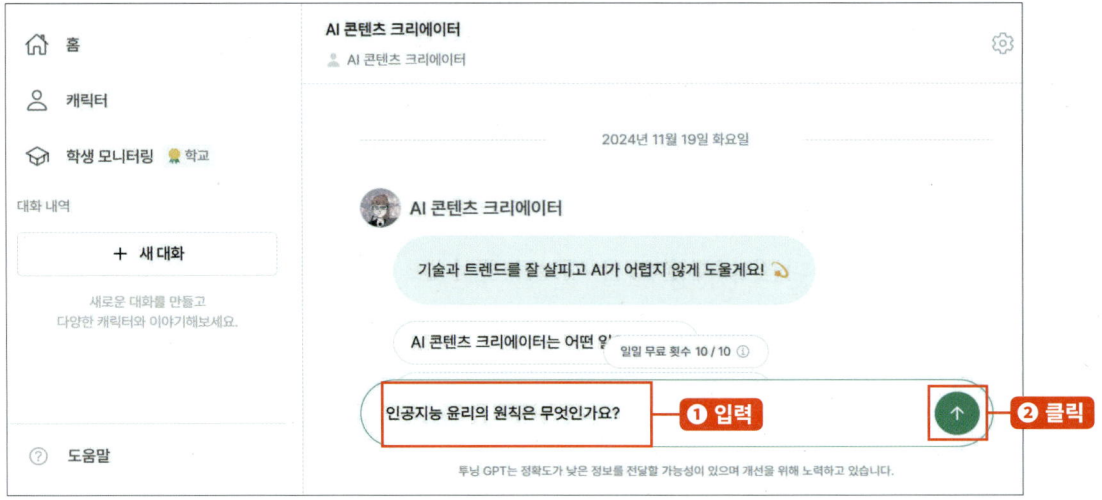

❷ 질문이 입력되면 AI 콘텐츠 크리에이터는 인공지능 윤리의 원칙에 대한 답변을 줍니다.

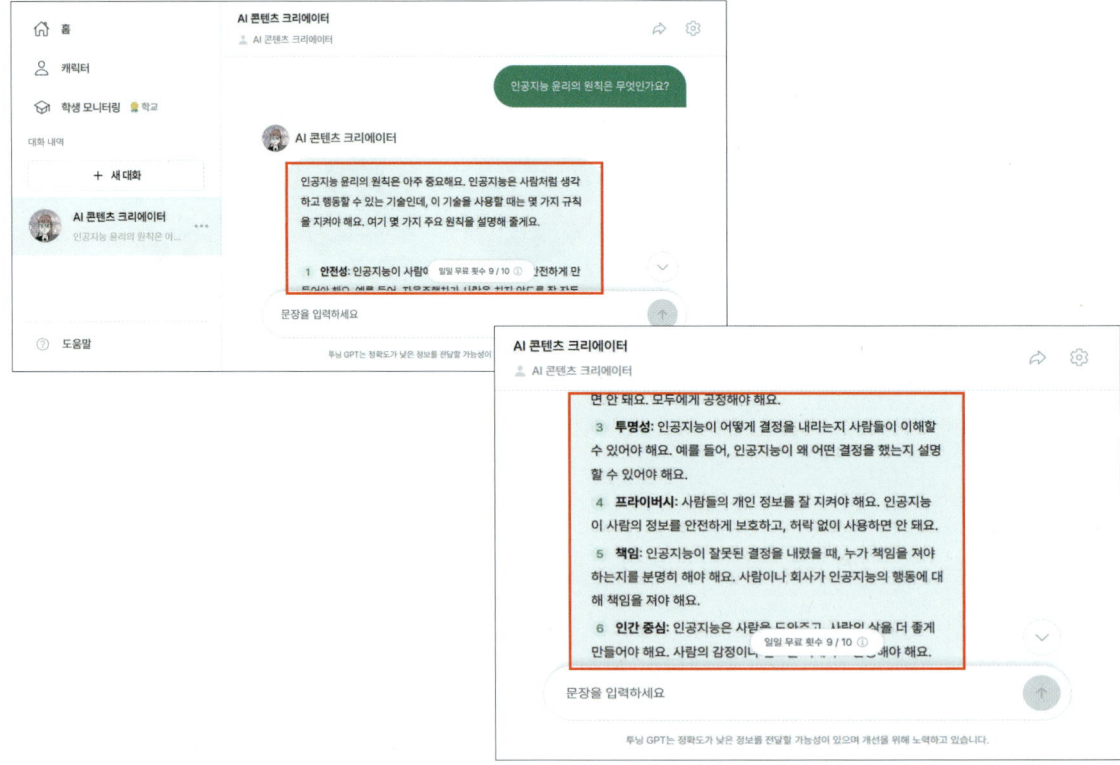

116 • 코딩마불 AI여행

03 인공지능 윤리 초성 퀴즈 만들기

1 초성 퀴즈를 만들기 위해 엔트리 계정에 로그인한 다음 [불러오기]( ) - [오프라인 작품 불러오기]를 클릭하여 '11강 AI 초성 퀴즈.ent' 파일을 불러온 후 [시작 버튼] 오브젝트를 선택한 다음 [시작] - `마우스를 클릭했을 때` 블록과 `[다음▼] 장면 시작하기` 블록을 연결합니다.

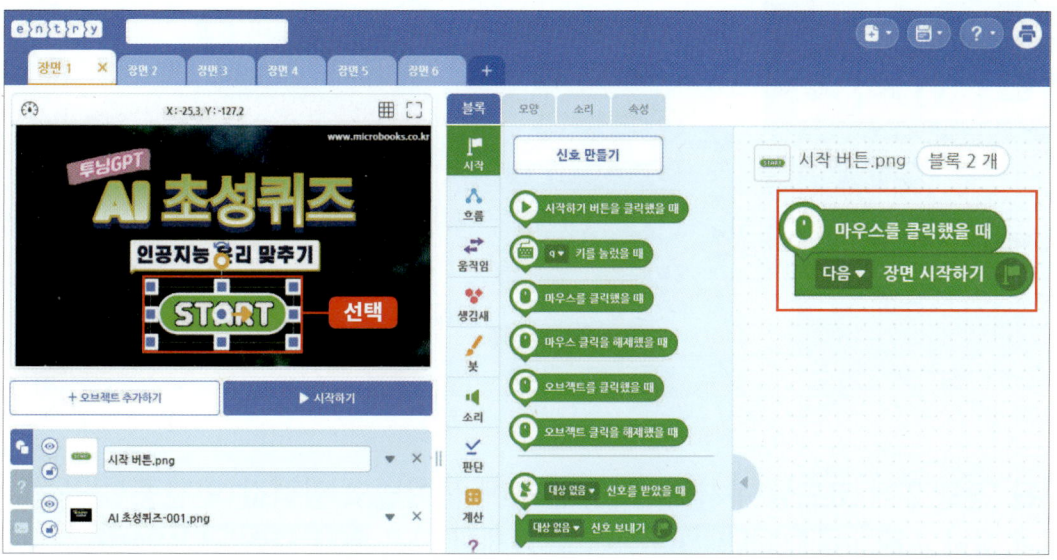

2 다시 [장면 2]를 선택한 다음 [시작] - `장면이 시작되었을 때` 블록과 [흐름] - `2 초 기다리기` 블록을 연결하고 [자료] - `안녕! 을(를) 묻고 대답 기다리기` 블록을 연결한 다음 `대답` 블록을 `안녕!` 블록 안에 끼워 넣습니다.

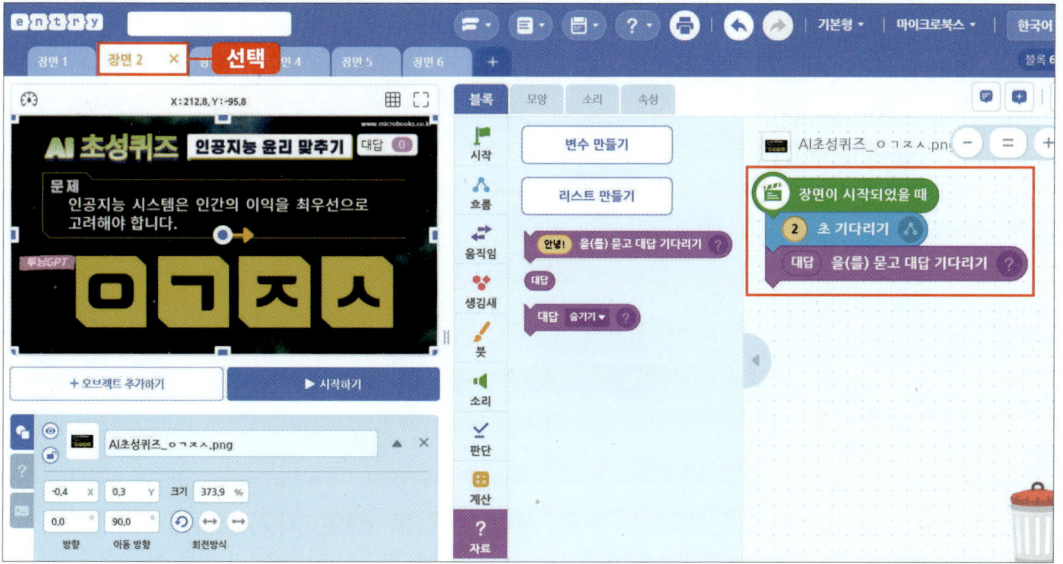

Chapter 11 투닝 GPT로 인공지능 윤리 퀴즈 만들기 • **117**

❸ 이어서 [흐름] - 만일 참 (이)라면 / 아니면 블록을 연결한 다음 [판단] - <10 = 10> 블록을 참 블록 안에 끼워 넣고 첫 번째 입력값에는 [자료] - 대답 블록을 끼워 넣고 두 번째 입력값(인간중심)을 수정한 후 [시작] - [장면 4▼] 시작하기 블록과 [장면 3▼] 시작하기 블록을 그림과 같은 위치에 연결합니다.

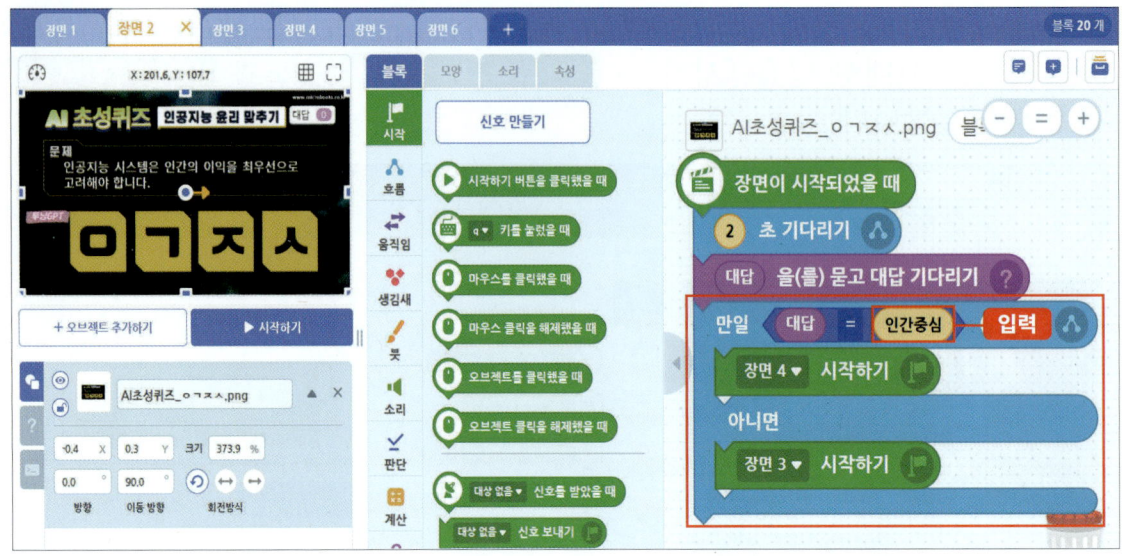

❹ 완성된 '장면 2'에 코드를 복사하여 [장면 4]에 붙여넣고 입력값(인간중심)을 (투명성)으로 수정하고 [장면 4▼] 시작하기 블록을 삭제한 다음 [다음▼] 장면 시작하기 블록을 연결합니다.

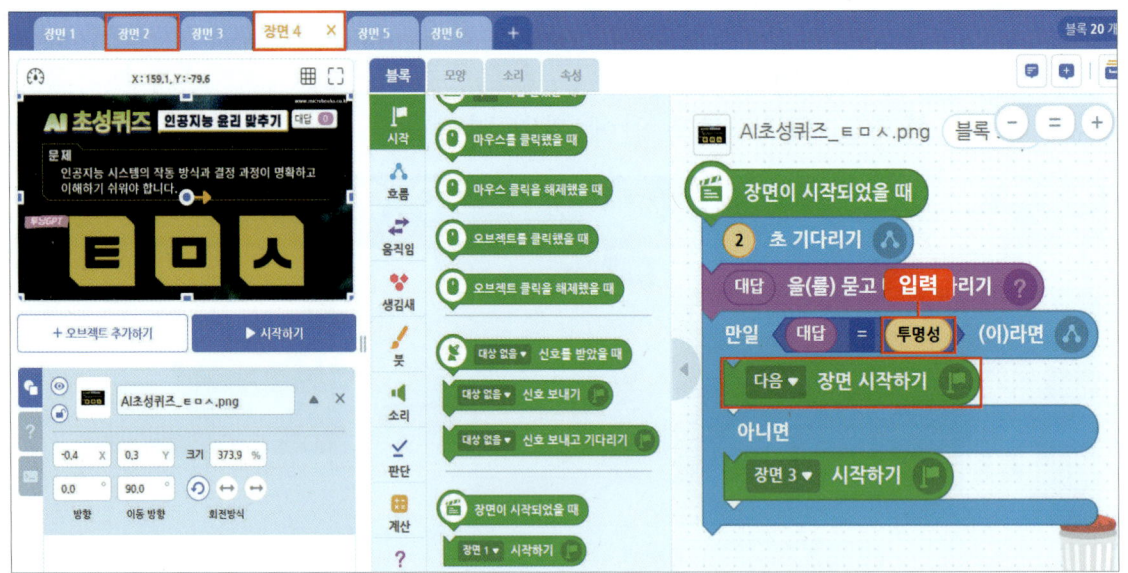

TIP

코드를 선택하고 마우스 오른쪽 버튼을 클릭한 다음 바로 가기 메뉴에서 [코드 복사]를 선택한 후 [장면 4]에서 마우스 오른쪽 버튼을 클릭한 다음 바로 가기 메뉴에서 [붙여넣기]를 선택합니다.

❺ 완성된 '장면 4'에 코드를 복사하여 [장면 5]에 붙여넣고 입력값(투명성)을 (공정성)으로 수정합니다.

❻ 작품이 완성되면 '장면 1'을 선택하고 [▶ 시작하기] 단추를 클릭하여 실행 화면에서 AI 초성 퀴즈를 모두 맞추면 사이버 탐험대로 임명됩니다.

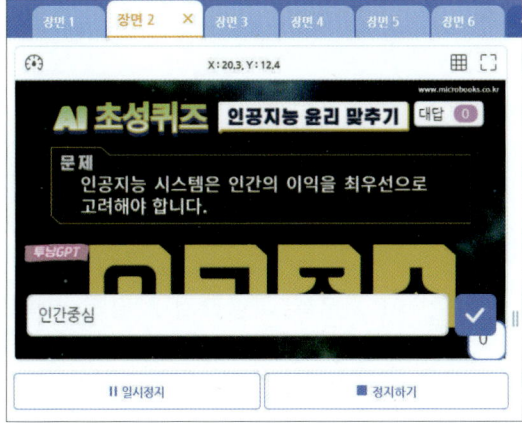

Chapter 11 투닝 GPT로 인공지능 윤리 퀴즈 만들기 • **119**

AI 메이킹존

1 투닝 GPT에서 인공지능 용어를 검색해 봅니다.

#딥페이크   #할루시네이션   #프롬프트 엔지니어

> 인공지능에서 할루시네이션 현상이란?
>
> **AI 콘텐츠 크리에이터**
>
> 인공지능에서 할루시네이션 현상은 AI가 잘못된 정보나 사실이 아닌 내용을 만들어내는 것을 말해. 쉽게 설명하면, AI가 질문에 대한 답을 할 때, 실제로는 존재하지 않는 정보나 잘못된 내용을 만들어 내는 거야. 예를 들어, AI가 어떤
>
> 일일 무료 횟수 6 / 10
>
> 문장을 입력하세요
>
> 투닝 GPT는 정확도가 낮은 정보를 전달할 가능성이 있으며 개선을 위해 노력하고 있습니다.

2 인공지능 용어의 뜻으로 알맞은 설명을 선으로 이어봅니다.

딥페이크	●	●	AI가 잘못된 정보나 사실이 아닌 내용을 만들어 내는 것을 말합니다.
할루시네이션	●	●	대화형 AI 모델과 상호작용할 때 사용하는 질문이나 요청을 잘 만드는 사람을 말합니다.
프롬프트 엔지니어	●	●	AI 기술을 이용해서 사람의 얼굴이나 목소리를 다른 사람의 얼굴이나 목소리로 바꾸는 것을 말합니다.

Chapter 11

인공지능 용어 초성 퀴즈

■ 예제 파일 : 11강 AI 용어 퀴즈.ent

3 투닝 GPT에서 검색한 인공지능 용어로 초성 퀴즈를 만들어 봅니다.

Chapter 11 투닝 GPT로 인공지능 윤리 퀴즈 만들기 • **121**

투닝 매직으로 체험하는 인공지능 아트

인공지능 예술 또는 인공지능 아트(Artificial Intelligence Art)는 텍스트, 이미지 모델 및 음악 생성기와 같은 인공지능(AI) 프로그램을 사용하여 만든 예술작품으로 특히 이미지 및 작곡을 말합니다. 기술 사용을 기반으로 AI 아트는 인간 아티스트의 직접적인 입력 없이 예술을 자율적으로 생산할 수 있는 생성 알고리즘과 딥러닝 기술을 사용하는 것이 특징입니다.

투닝 매직으로 생성한
앤디 워홀 스타일 작품

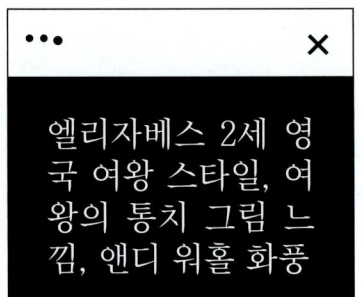

프롬프트

인공지능 체험존

① **투닝**(https://www.tooning.io) 홈페이지에 접속하고 로그인한 후 [투닝 매직]을 클릭하고 [글로 생성](Aa)에서 이미지로 생성할 글을 생각해 봅니다.

② 아이슬란드에서 오로라를 보는 주제로 [프롬프트] 입력란에 '아이슬란드에서 오로라를 보며 아이스크림을 먹고 있는 남자 어린이와 작고 귀여운 흰색 강아지, 행복한 모습'이라고 입력합니다.

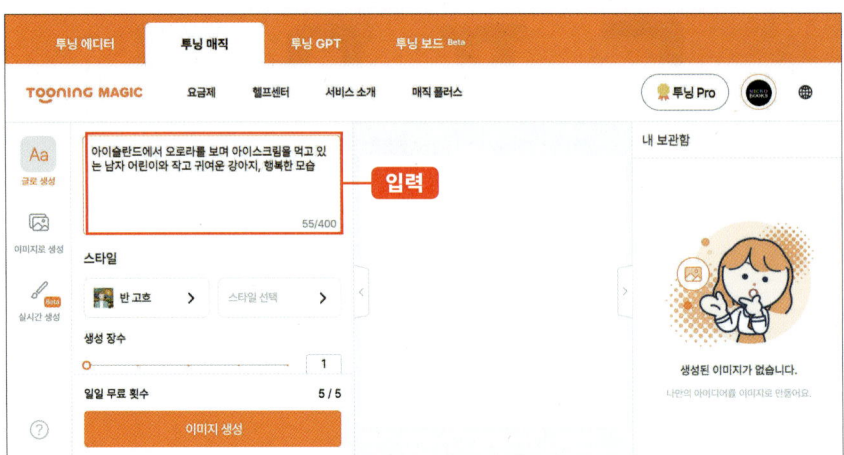

Chapter 12

이미지 생성형 AI 체험존

❸ 스타일에서 화풍은 [앤디 워홀]을 클릭한 다음 스타일 선택은 [디지털 아트]를 클릭합니다.
❹ [이미지 생성] 단추를 클릭합니다.

❺ 그림과 같이 생성된 이미지를 확인해 봅니다.

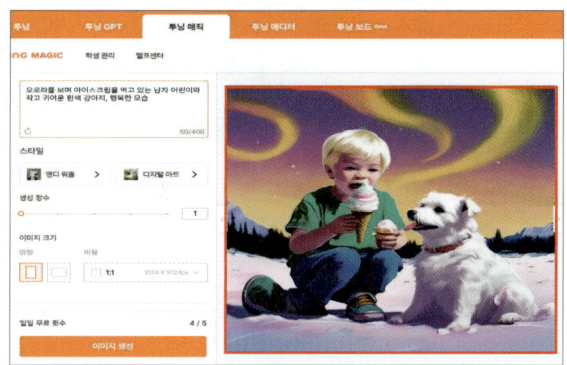

NEWS

 **앤디 워홀 작품 도난사건**

미국 현대 미술가 앤디워홀 작품 두 점이 2024년 11월 1일 네덜란드 남부 노르트 브라반트주에 있는 MPV 갤러리에서 도난당했다. 한밤중 괴한이 침입하여 워홀의 'ㅇㅇㅇ ㅌㅊ' 시리즈 작품 네 점을 훔쳤지만, 이 중 두 점은 인근에 두고 현장을 떠났다고 한다. 이 도난당한 앤디 워홀의 작품명은 무엇일까요?

퀴즈 정답은 :

생각해 보기 ⋯ 도둑이 훔친 작품 네 점 중 두 점을 두고 현장을 떠난 이유는?

Chapter 12 투닝 매직으로 체험하는 인공지능 아트 • **123**

13 Chapter
AI 투닝으로 영어 속담 웹툰 만들기

#생성형AI #AI 투닝 에디터 #영어 속담 #웹툰 #AI 연출

오늘의 학습목표

■ 예제 파일 : 13강 편의점 웹툰.ent   ■ 완성 파일 : 13강 편의점 웹툰._완성.ent

- AI 투닝 에디터로 웹툰을 만드는 방법에 대해 알아봅니다.
- 캐릭터를 자동으로 연출할 수 있는 AI 연출 방법에 대해 알아봅니다.

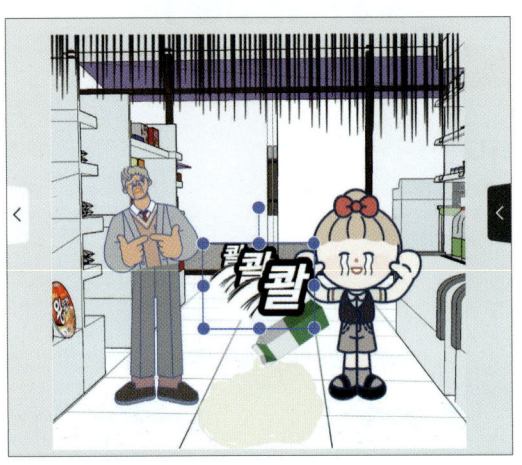

코딩 상식 생성형 AI(Generative AI)란?

대규모 데이터와 패턴을 학습하고 기존의 데이터를 활용하여 이용자의 요구에 따라 텍스트, 이미지, 비디오, 음악, 코딩 등 새로운 결과를 만들어내는 인공지능 기술입니다.

대화형 AI	음성 생성 AI	이미지 생성 AI	동영상 생성 AI
• 챗GPT(오픈AI) • 빙챗(마이크로소프트) • 제미니(구글) • 클로바X(네이버)	• 일레븐랩스 • 타입캐스트 • 캔바	• 투닝(Tooning) • 달리(Dell-E) • 빙 이미지 크리에이터 (마이크로소프트)	• 무비 젠(메타) • 픽토리 • 소라 • 인비디오

01 AI 투닝 에디터로 스토리텔링 콘텐츠 만들기

❶ 투닝 계정에 로그인한 다음 [투닝 에디터]를 선택하고 [제작하기] 단추를 클릭합니다.

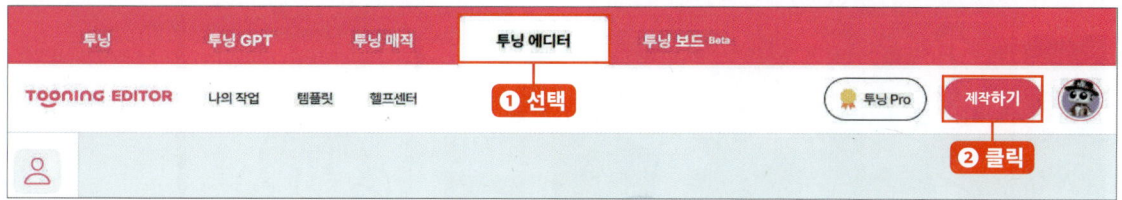

❷ 편의점 웹툰을 만들기 위해 편집툴에서 [배경]을 클릭 후 [편의점]의 [더보기 >]를 클릭합니다.

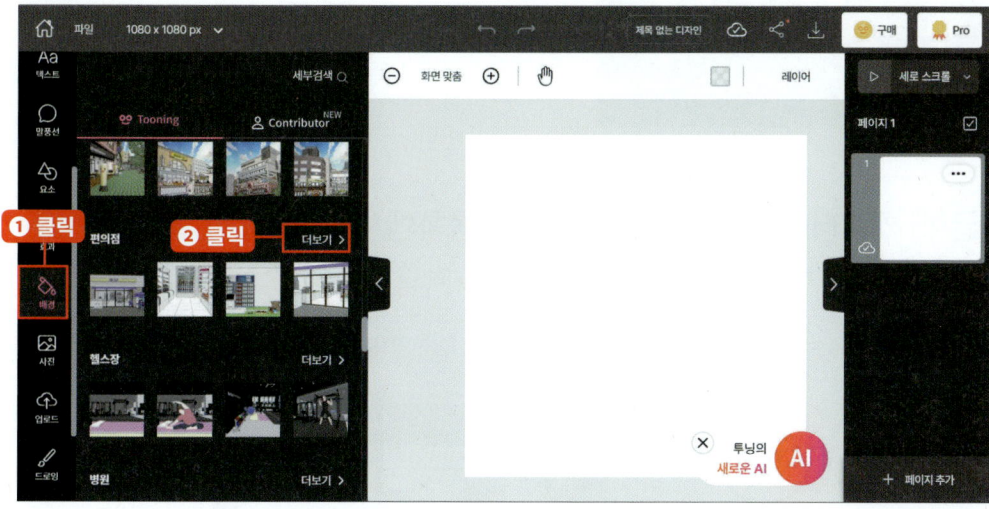

❸ 편의점 배경에서 그림과 같은 [편의점] 요소를 클릭하여 편집 화면에 추가합니다.

Chapter 13 AI 투닝으로 영어 속담 웹툰 만들기 • **125**

❹ 캐릭터를 추가하기 위해 [캐릭터]를 클릭하고 [동글이]의 [더보기 >]를 클릭한 후 [동글이] 요소를 선택하여 편집 화면에 추가합니다.

❺ 추가한 [동글이] 캐릭터를 클릭하여 나타난 왼쪽 목록에서 [우는 표정]을 선택한 후 캐릭터를 드래그하여 그림과 같은 위치로 이동합니다.

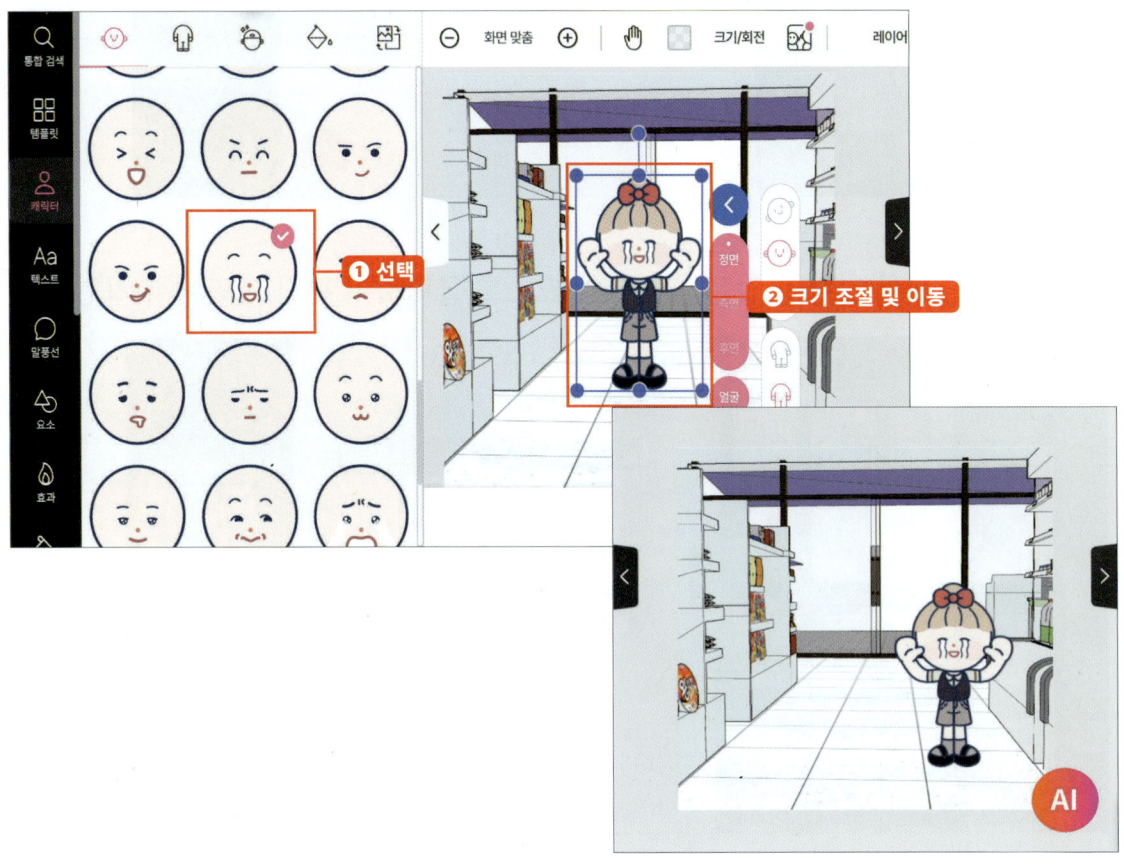

126 • 코딩마불 AI여행

❻ 다시 [캐릭터]에서 [브래든]의 [더보기 >]를 클릭한 후 [브래든] 요소를 선택하여 편집 화면에 추가합니다.

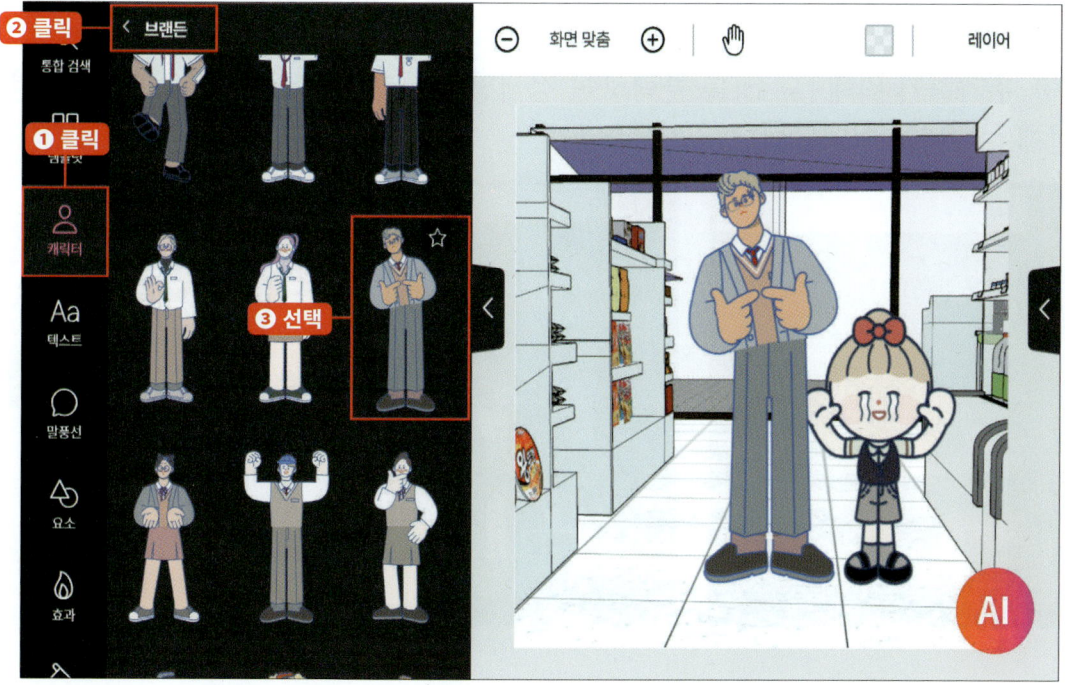

❼ 추가한 [브래든] 캐릭터를 클릭하여 나타난 왼쪽 목록에서 [우는 표정]을 클릭하고 [조절점]을 드래그하여 크기를 변경한 다음 그림과 같은 위치로 이동합니다.

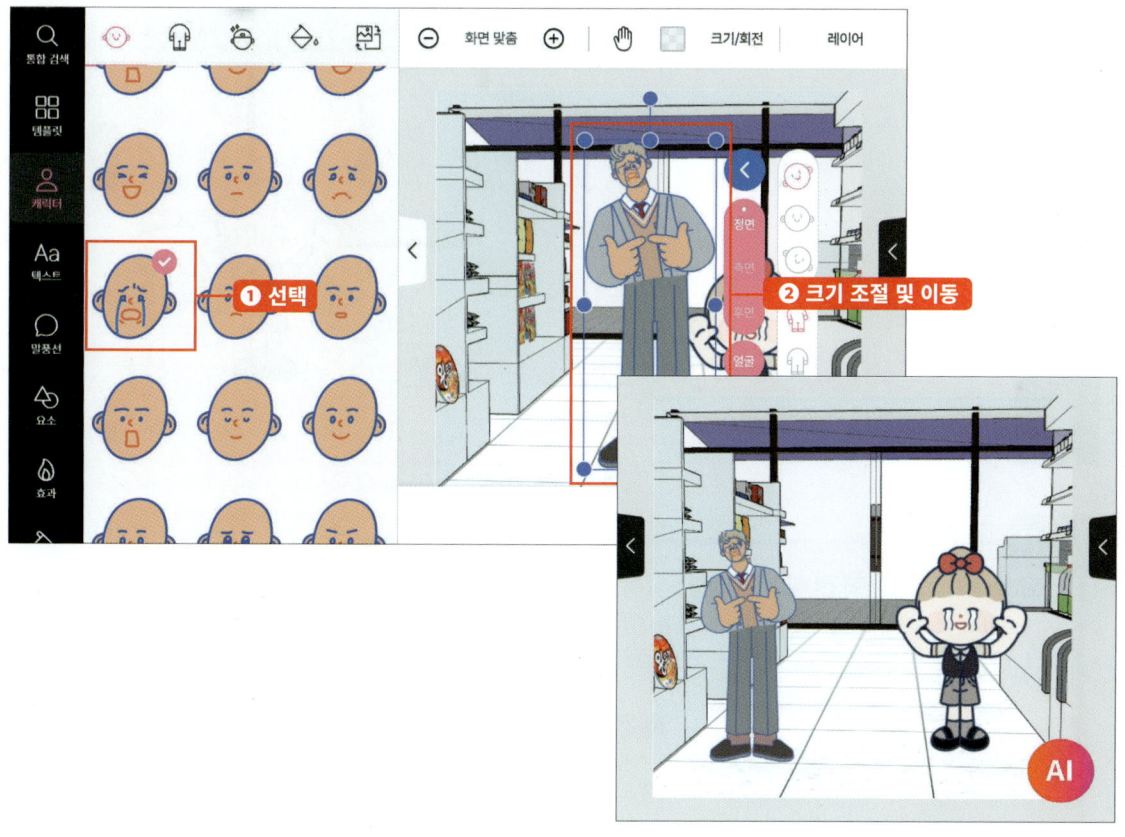

Chapter 13 AI 투닝으로 영어 속담 웹툰 만들기 • **127**

02 요소 추가하고 회전하기

❶ 우유를 추가하기 위해 [요소]를 클릭하여 검색창이 나타나면 '우유'를 입력한 후 검색된 두 번째 [우유]를 선택합니다.

❷ 추가한 [우유] 요소를 그림과 같은 위치로 이동하고 방향을 회전합니다.

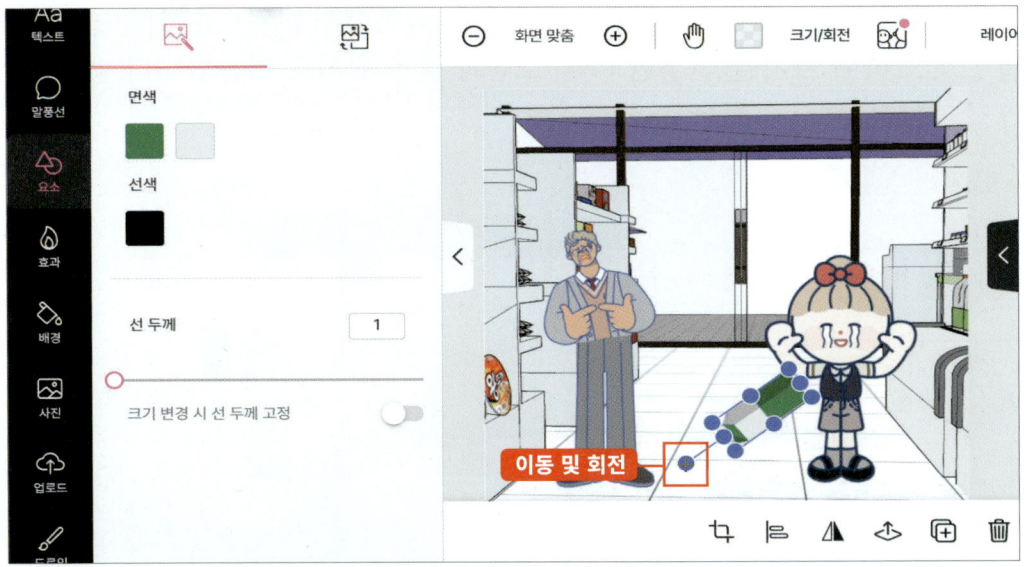

TIP

요소 이동 및 회전하는 방법
- 이동 : 요소의 이동을 드래그하여 이동합니다.
- 회전 : 요소의 조절점을 드래그하여 회전시킵니다.

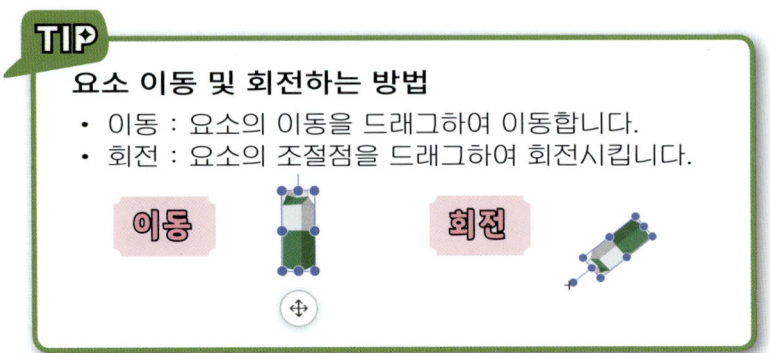

03 드로잉 도구로 그리기

❶ 쏟아진 우유를 그리기 위해 [드로잉]을 클릭한 후 [드로잉 생성] 단추를 클릭하여 그리기 도구( )를 선택하고 굵기는 '30'을 입력합니다.

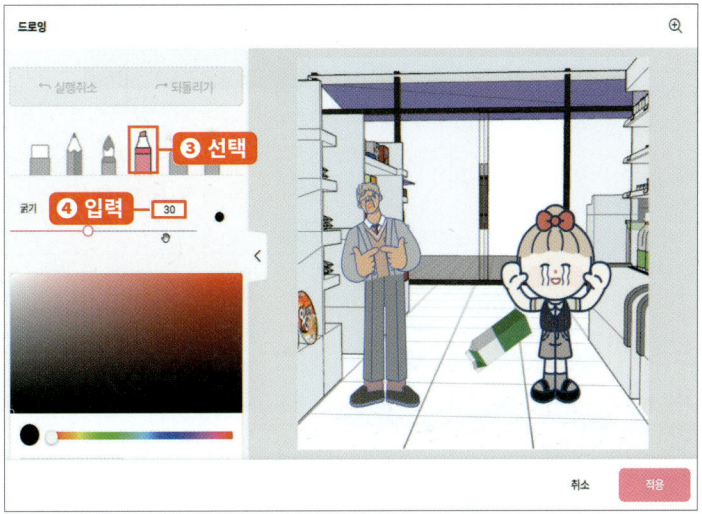

❷ 우유색을 만들기 위해 더 보기( ) 단추를 클릭한 후 나타난 RGB 색상 입력란에 R:247, G:244, B:225를 입력합니다.

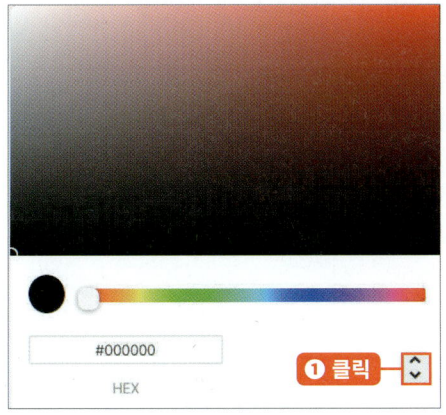
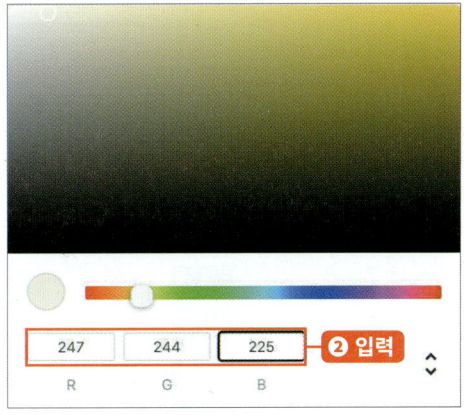

❸ 색상 선택이 끝나면 그리기 도구(🧴)로 그림과 같이 우유가 바닥에 쏟아지는 장면을 그립니다.

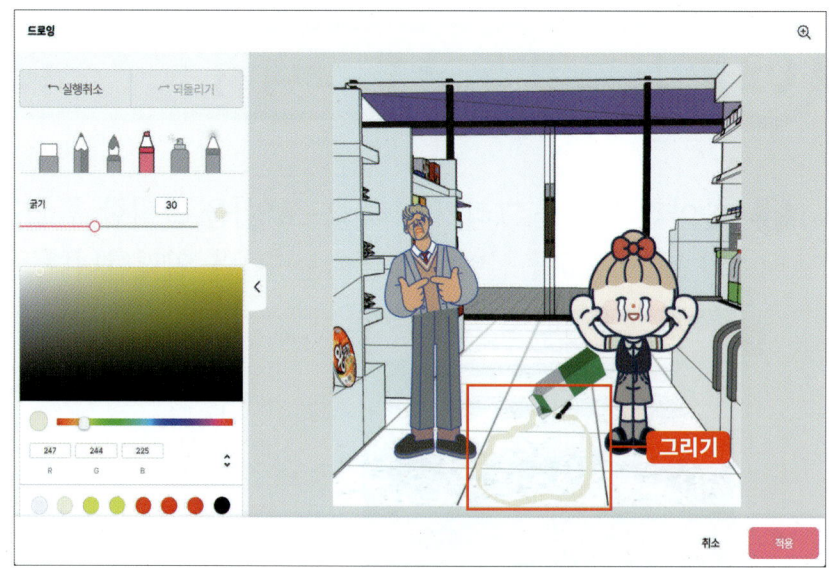

❹ 드로잉이 끝나면 하단의 [적용] 단추를 클릭합니다.

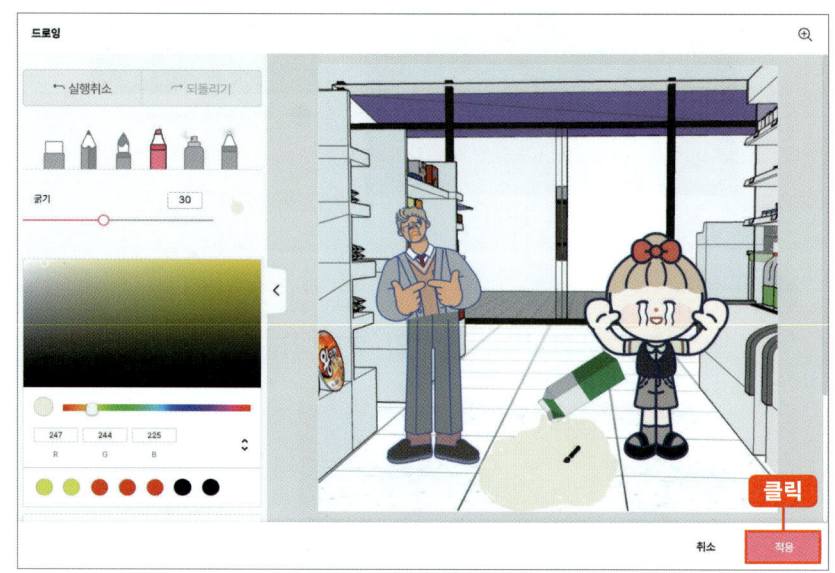

❺ 그림과 같이 쏟아진 우유 레이어가 추가된 것을 확인할 수 있습니다.

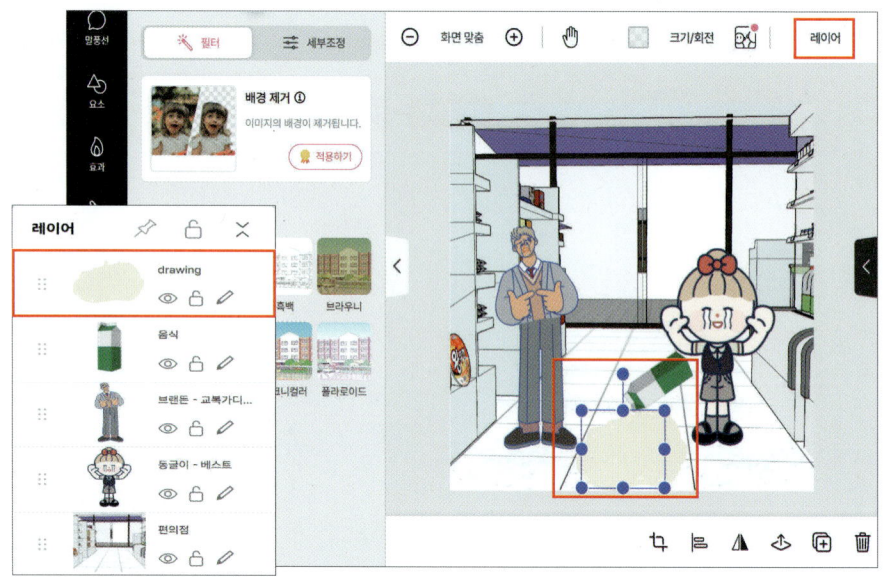

04 만화 효과와 사물 소리 추가하기

1 집중선을 추가하기 위해 [효과]를 클릭한 다음 [집중선]의 [더보기 >]를 클릭하여 그림과 같은 [집중선] 요소를 추가하고 크기 조절점으로 크기를 변경한 후 그림과 같은 위치로 이동합니다.

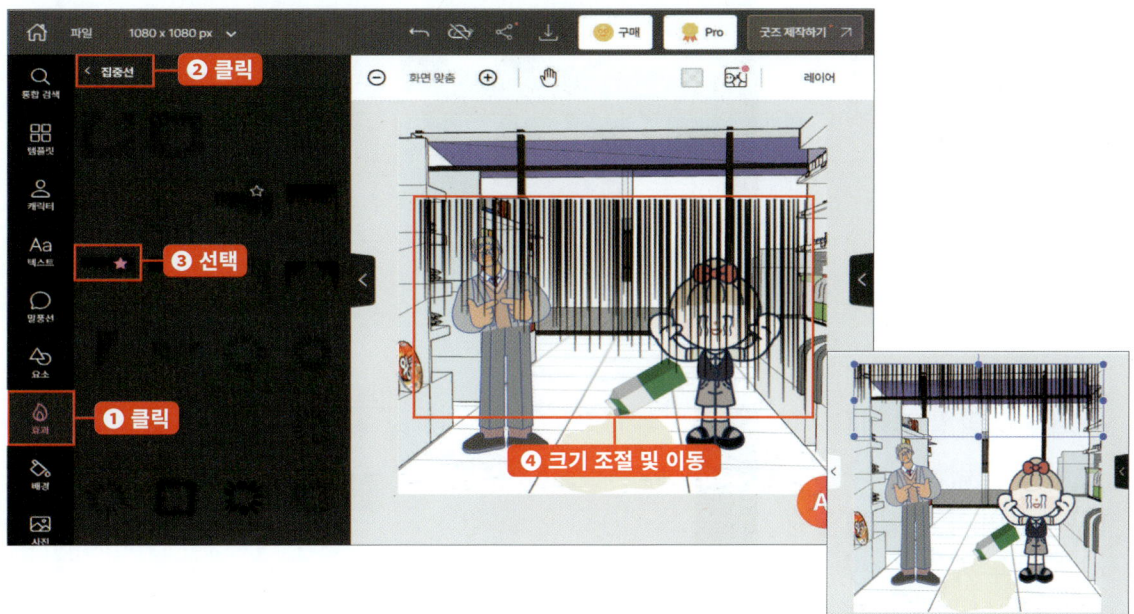

2 사물 소리를 추가하기 위해 [텍스트]를 클릭한 다음 [사물 소리(일상)]에서 [콸콸콸] 요소를 선택하여 추가한 후 크기 조절점으로 크기를 변경한 다음 그림과 같은 위치로 이동합니다.

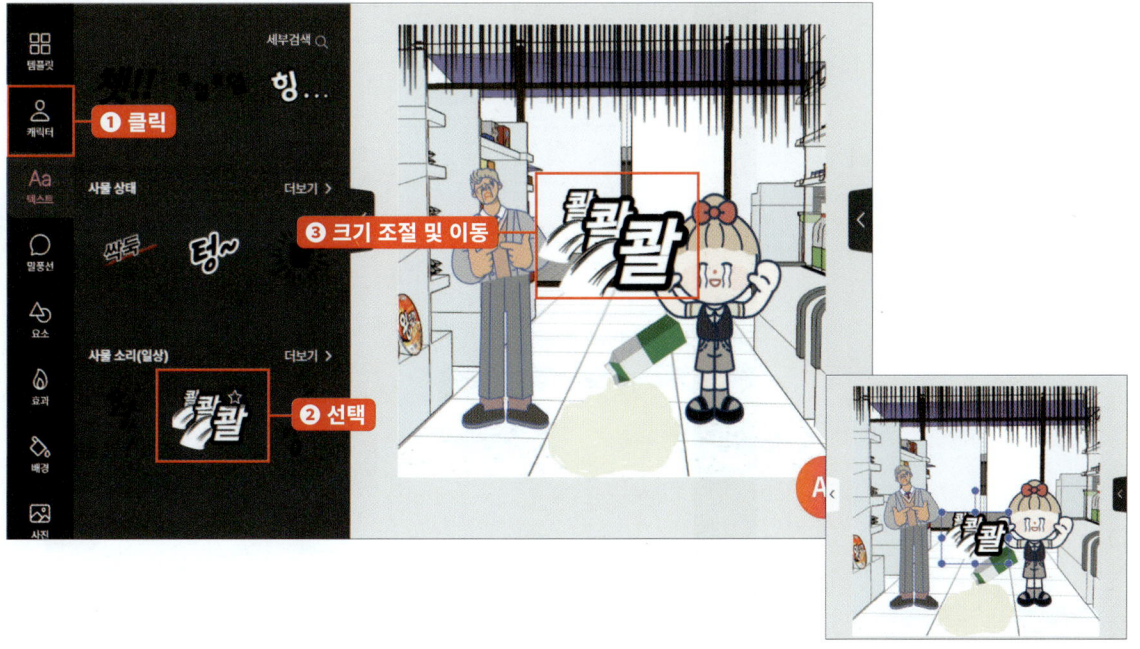

Chapter 13 AI 투닝으로 영어 속담 웹툰 만들기 • **131**

05 영어 속담 만들기

❶ 영어 속담을 만들기 위해 [텍스트]에서 [말풍선체] - [더보기 >]를 클릭하여 그림과 같은 [말풍선체] 요소를 선택합니다.

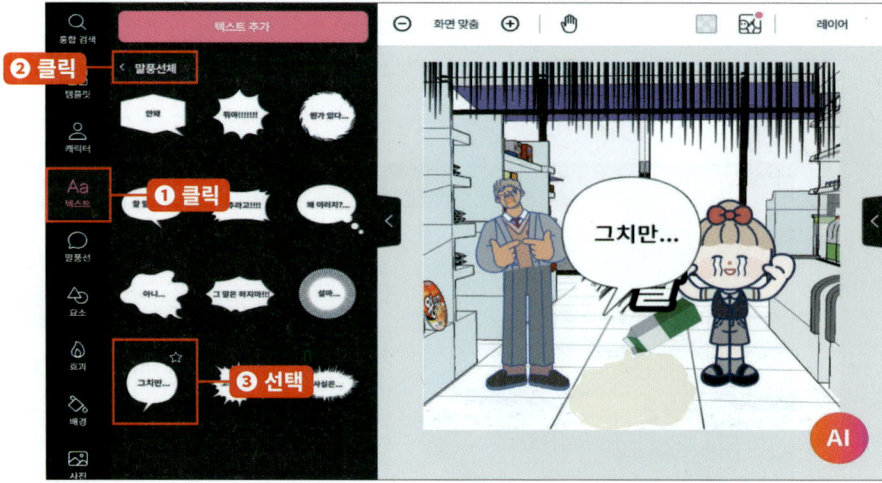

❷ 추가한 [말풍선체] 요소를 클릭하여 나타난 이미지 편집에서 [선 두께]에 '15'를 입력한 후 크기 조절점으로 크기를 변경합니다.

❸ 텍스트 상자에 'Don't cry over spilt milk'를 입력합니다.

06 ▶ AI로 캐릭터 연출하기

① 말풍선체를 그림과 같은 위치로 이동한 후 입력한 텍스트에 맞는 장면을 자동으로 연출하기 위해 AI 연출 (AI) 단추를 클릭합니다.

TIP AI 연출이란? 작성한 텍스트를 인식해서 캐릭터가 자동으로 연출되는 기능을 말합니다.

② AI 연출 화면이 나타나면 '동글이'를 연출하기 위해 [적용] 단추를 클릭합니다.

Chapter 13 AI 투닝으로 영어 속담 웹툰 만들기 • **133**

❸ AI 연출에서 '브래든'의 [적용] 단추를 여러 번 클릭하여 다양한 모습으로 연출할 수 있습니다.

❹ 완성된 편의점 웹툰을 이미지로 만들기 위해 상단의 [다운로드](⬇) 단추를 클릭하여 나타난 [다운로드] 창에서 [웹용], 형식은 [JPG], 항목 선택 [1 페이지]를 선택한 다음 [다운로드] 단추를 클릭합니다. 다운로드가 완료되면 그림과 같은 완성된 이미지 파일을 확인할 수 있습니다.

코딩메이킹존

Chapter 13

📄 **예제 파일** : 13강 국가대표.ent

1 AI 투닝 에디터로 영어 속담 'No Pain, No Gain' 웹툰을 만들어 봅니다.

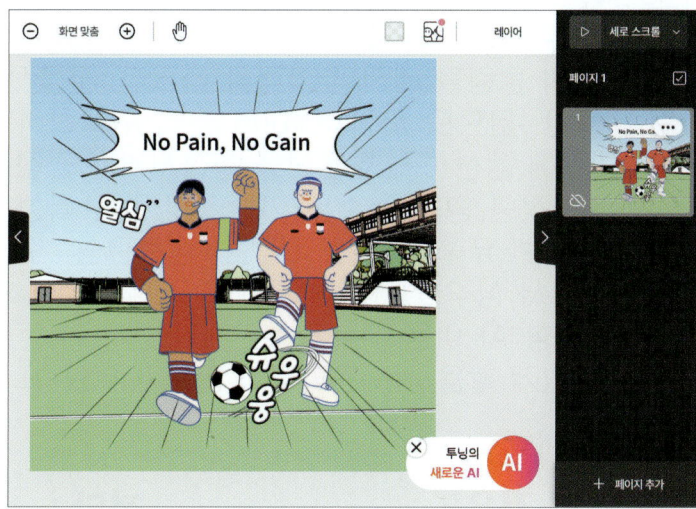

속담 이야기

No Pain, No Gain 이라는 표현은 "고통 없이는 성과도 없다"는 뜻으로 노력이 없으면, 결과도 없다는 것을 의미합니다.

2 투닝 AI 연출로 캐릭터를 영어 속담에 맞는 모습으로 연출해 봅니다.

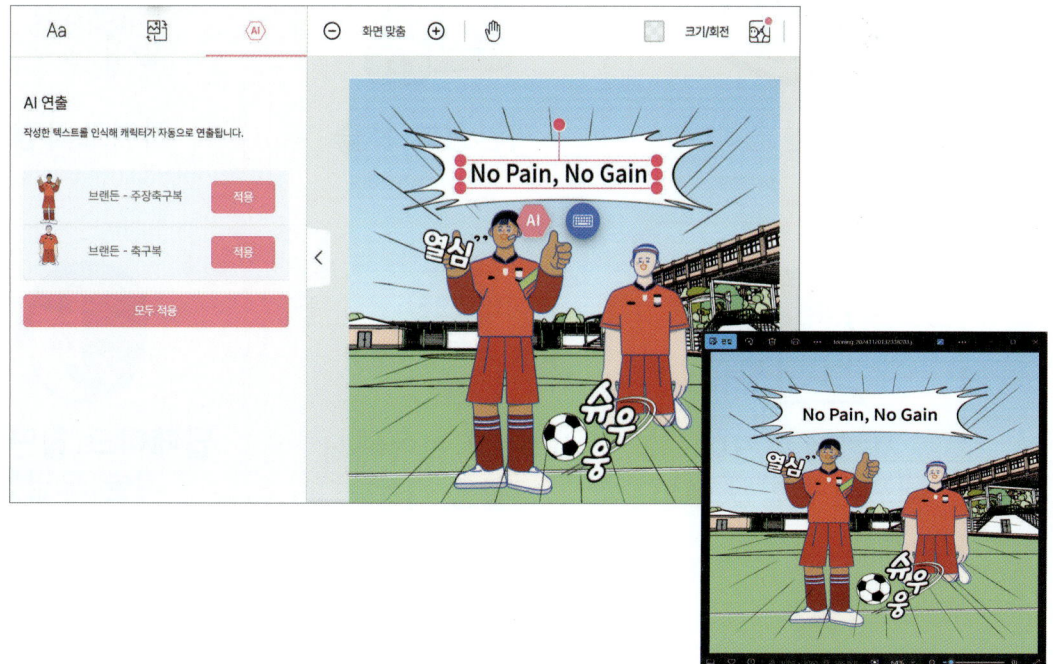

Chapter 13 AI 투닝으로 영어 속담 웹툰 만들기 • **135**

생성형 AI를 현명하게 활용하기

▪ 생성형 AI를 왜 윤리적으로 활용해야 할까요?

생성형 AI가 등장하기 전 기존의 알파고 같은 AI는 특정 영역의 일을 하거나 콘텐츠를 추천하거나 구분해 주는 역할을 했다면, 챗GPT 같은 생성형 AI는 직접 뭔가 만들어냅니다. 우리가 명령을 내리면 그림을 그리고, 글을 쓰고, 텍스트를 넣으면 동영상도 만들고, 코드도 짜고, 데이터 분석도 잘하여 개인이 필요로 하는 학업, 일하는 방식에 생산성과 효율성을 향상시키는 긍정적인 특성을 갖고 있지만, 동시에 부정적인 영향을 주는 기술의 양면적 특성도 갖고 있습니다. 저작권 침해, 개인정보 유출, 허위조작정보, 정보편향, 오남용 등 부정적인 문제를 내포하고 있어서 심각한 사회적 문제를 가져올 것에 대한 우려가 나오고 있기 때문에 생성형 AI 이용자는 스스로의 판단과 검토를 통해 생성형 AI를 안전하고 책임감 있게 활용하는 윤리적 마인드가 필요합니다.

▪ 생성형 AI의 역기능이 아닌 것은?   정답: ☐

❶  저작권 침해	❷  개인정보 유출	❸  허위조작정보
❹  사회적 편견이 내포된 편향된 정보	❺  다양한 영역에서 활용 가능	❻  딥페이크(첨단조작 기술)오남용

Chapter 14

인공지능 윤리 체험존

생성형 AI를 현명하게 활용하기 위한 체크리스트

방송통신위원회

항목	네	아니오
▶ **저작권** 생성형 AI의 결과물을 활용할 때 생성형 AI를 활용해서 얻은 결과물이라고 출처를 표기했나요?	☐	☐
▶ **권리침해** 생성형 AI를 활용할 때 타인의 권리가 침해될 수 있는 텍스트, 오디오, 이미지 등을 사용하지 않았나요?	☐	☐
▶ **명예훼손** 생성형 AI에 질문이나 정보를 입력할 때 특정인의 명예를 훼손하거나, 차별하는 내용이 포함되어 있지는 않나요?	☐	☐
▶ **혐오표현** 생성형 AI가 제시한 정보에 개인, 기관 등 특정 대상을 비난하거나, 가치관이나 주장을 일방적으로 혐오하는 내용이 포함되어 있지 않나요?	☐	☐
▶ **정보유출** 생성형 AI로 정보를 얻거나 콘텐츠를 제작하기 위해 개인정보, 기업비밀 등 민감한 정보를 제공하지는 않았나요?	☐	☐
▶ **허위조작정보** 생성형 AI로 가짜뉴스, 스팸 등을 만들기 위해 사실이 아닌 부정확한 정보나 조작된 내용을 일부러 입력하지 않았나요?	☐	☐
▶ **정보편향** 생성형 AI 결과로 제시한 정보에 한쪽으로 치우친 편향적인 내용이 없는지 확인하였나요?	☐	☐
▶ **환각현상** 생성형 AI가 제공한 정보가 모두 정답은 아니라는 생각을 하여 잘못된 정보가 있는지 사실 확인을 위해 교차검증을 했나요?	☐	☐
▶ **오남용** 생성형 AI가 주는 편리함에만 의존하지 않고 먼저 충분히 생각하고 고민한 후에 생성형 AI는 보조적 수단으로 활용하였나요?	☐	☐
▶ **창의성** 생성형 AI가 제시한 결과를 그대로 사용하지 않고, 재해석하거나 자신의 생각과 아이디어를 덧붙여 생산적으로 활용하였나요?	☐	☐

Chapter 15
인공지능으로 만드는 영어 속담 번역기

#AI 상식 #인공지능 블록 불러오기 #AI 번역 #AI 읽어주기

■ 예제 파일 : 15강 영어 속담 번역기.ent   ■ 완성 파일 : 15강 영어 속담 번역기_완성.ent

영어 속담 번역기를 만드는 방법에 대해 알아봅니다.
영어 속담을 읽어주는 인공지능에 대해 알아봅니다.

코딩 상식 — AI 번역이란?

인공지능이 말하는 번역의 개념은 단순히 단어를 바꾸는 작업이 아니라 의미를 이해하고 전달하는 과정입니다. 사람들이 서로 다른 언어를 사용하도록 허용하려는 의미가 있으며, 인공지능은 한 언어의 의미를 파악하고, 그것을 다른 언어로 알맞게 표현하는 게 인공지능 번역의 목표입니다.

 **인공지능 번역 블록**
파파고()를 이용하여 다른 언어로 번역할 수 있는 블록 모음입니다.

 **인공지능 읽어주기 블록**
nVoice 음성합성 기술로 다양한 목소리로 문장을 읽는 블록 모음입니다.

138 · 코딩마불 AI여행

01 인공지능 번역 블록 불러오기

① 엔트리 계정에 로그인한 다음 상단 메뉴에서 [불러오기]( ) - [오프라인 작품 불러오기]를 클릭하여 '15강 영어 속담 번역기.ent' 파일을 불러온 후 오브젝트 추가하기에서 [배경] - [단색 배경], [인터페이스] - [스피커(1)] 오브젝트를 선택하고 [추가하기] 단추를 클릭합니다.

② 추가한 [스피커(1)] 오브젝트를 그림과 같은 위치로 이동한 후 [시작] - `시작하기 버튼을 클릭했을 때` 블록을 연결하고 [흐름] - `2 초 기다리기` 블록을 연결한 후 [자료] - `대답 [숨기기▼]` 블록과 `안녕! 을(를) 묻고 대답 기다리기` 블록을 연결한 다음 내용을 '번역할 속담을 입력하세요.'로 수정합니다.

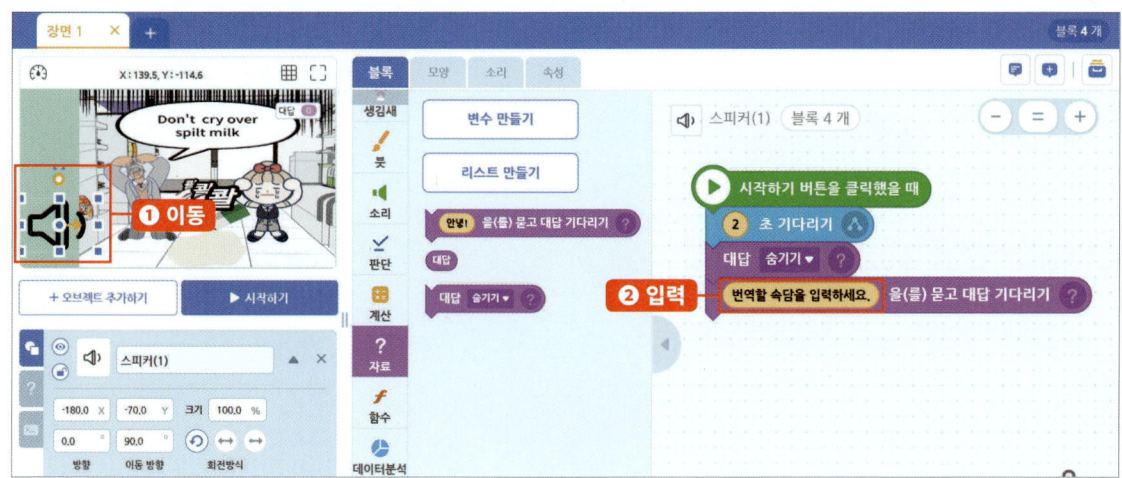

Chapter 15 인공지능으로 만드는 영어 속담 번역기 · **139**

❸ 이어서 [생김새] - 안녕! 을(를) 4 초 동안 [말하기▼] 블록을 연결한 다음 입력값(5)을 수정한 후 [인공지능] - [인공지능 블록 불러오기] 단추를 클릭합니다.

❹ 인공지능 블록 불러오기에서 [번역]을 선택한 후 [불러오기] 단추를 클릭합니다.

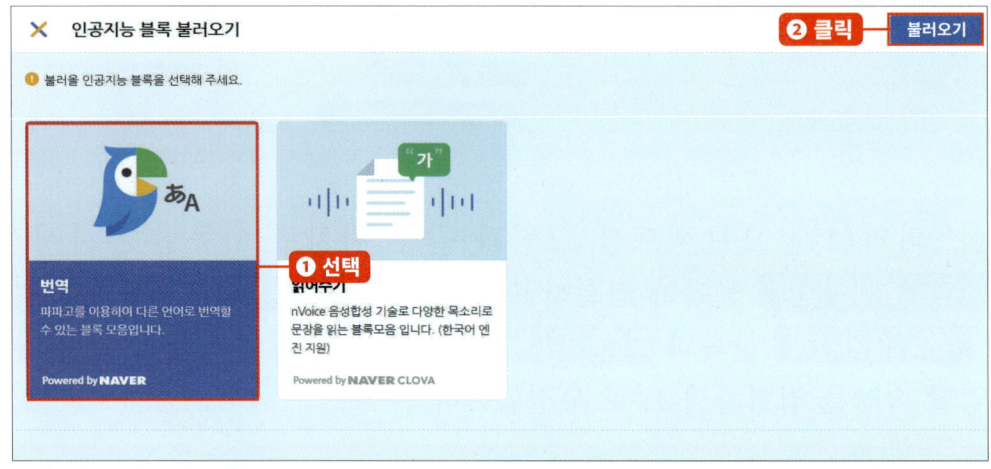

❺ 번역 블록에서 [한국어▼] 엔트리 을(를) [영어▼] (으)로 번역한 값 블록을 안녕 블록 안에 끼워 넣고 [목록 상자](▼) 단추를 클릭하여 첫 번째는 [영어], 두 번째는 [한국어]를 선택합니다.

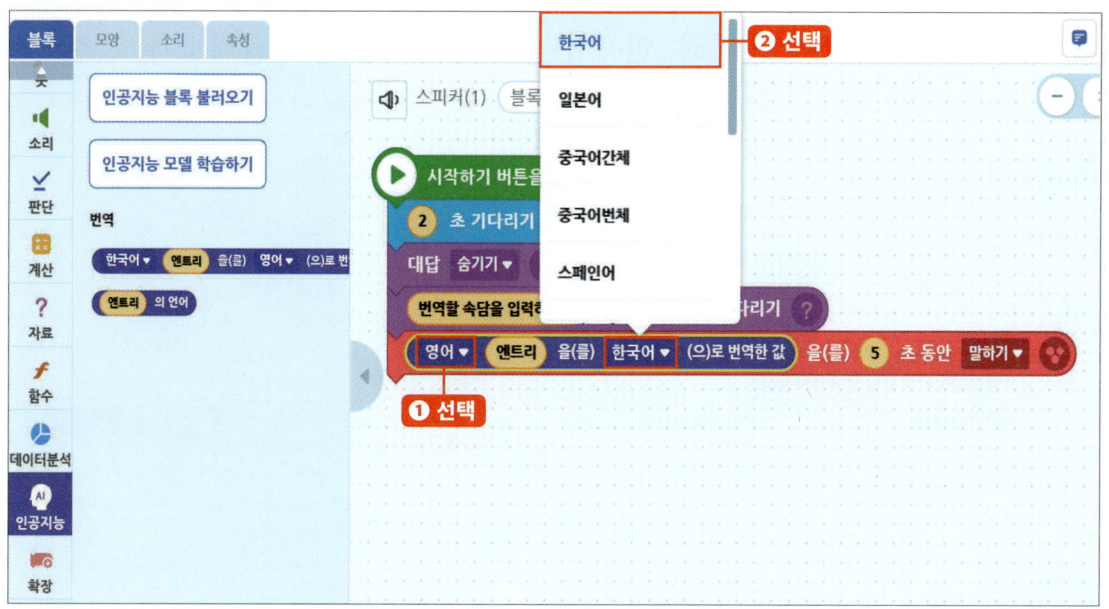

❻ 이어서 [자료] - 대답 블록을 엔트리 블록 안에 끼워 넣은 후 [흐름] - 2 초 기다리기 블록을 연결한 다음 입력값(1)을 수정합니다.

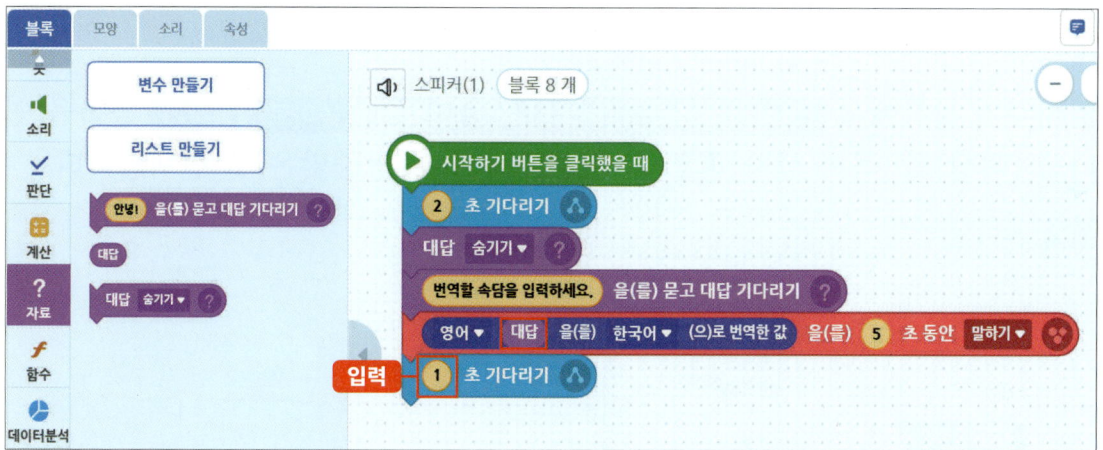

Chapter 15 인공지능으로 만드는 영어 속담 번역기 • **141**

02 인공지능 읽어주기 블록 불러오기

❶ 읽어주기 블록을 불러오기 위해 [인공지능] - [인공지능 블록 불러오기] 단추를 클릭한 후 [읽어주기]를 선택한 다음 [불러오기] 단추를 클릭합니다.

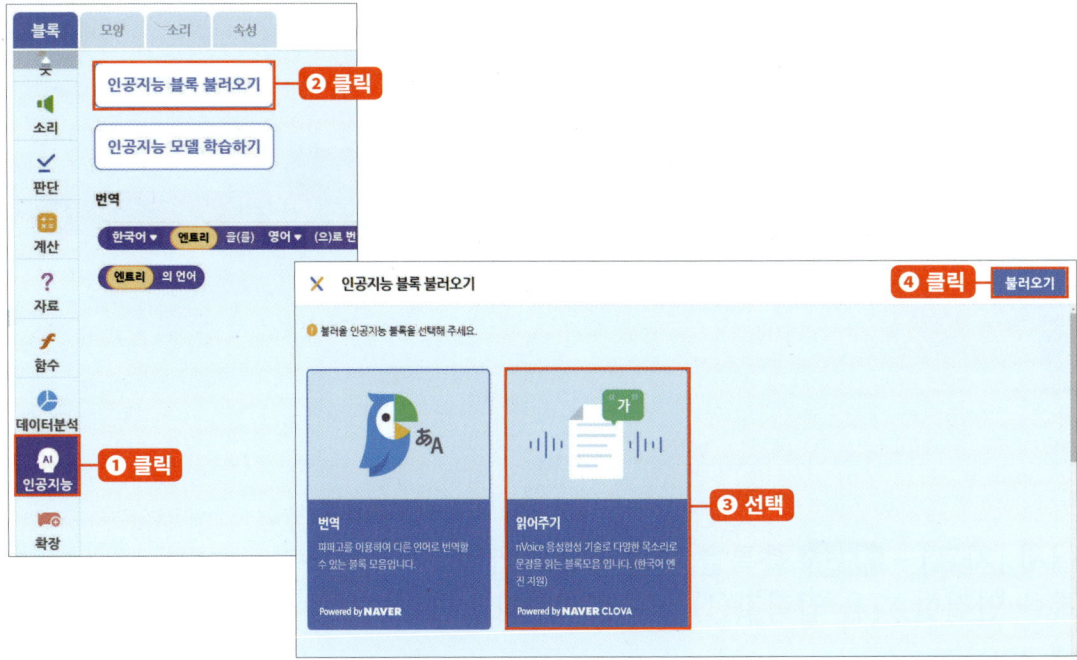

❷ 읽어주기 블록에서 [여성▼] 목소리를 [보통▼] 속도 [보통▼] 음높이로 설정하기 블록을 연결한 다음 [여성]의 [목록 상자](▼) 단추를 클릭하여 [앙증맞은]을 선택합니다.

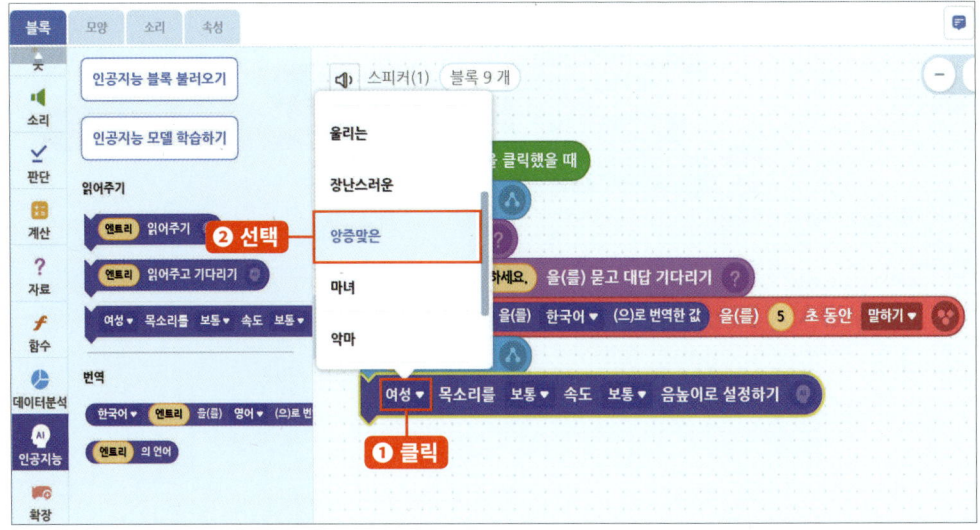

❸ 이어서 엔트리 읽어주기 블록을 연결하고 내용을 '이미 엎질러진 물이에요.'로 수정한 후 [흐름] - 2 초 기다리기 블록을 연결한 다음 입력값(3)을 수정합니다.

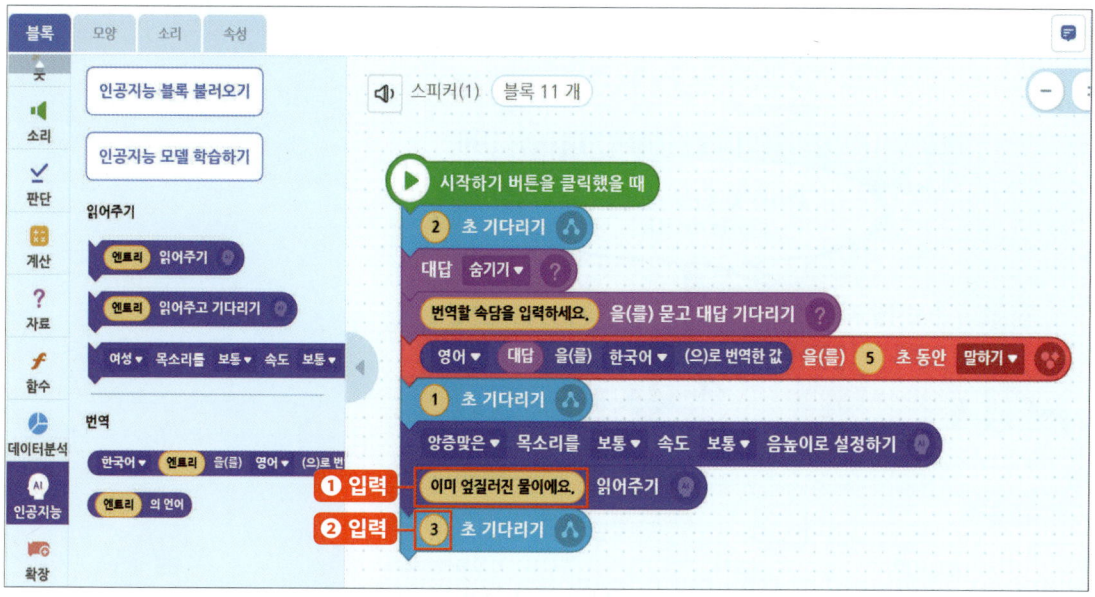

❹ 같은 방법으로 [인공지능] - [여성▼] 목소리를 [보통▼] 속도 [보통▼] 음높이로 설정하기 블록을 연결하고 [여성]의 [목록 상자](▼) 단추를 클릭하여 [남성]을 선택한 후 엔트리 읽어주기 블록을 연결한 다음 내용을 'Don't cry over spilt milk'로 수정합니다.

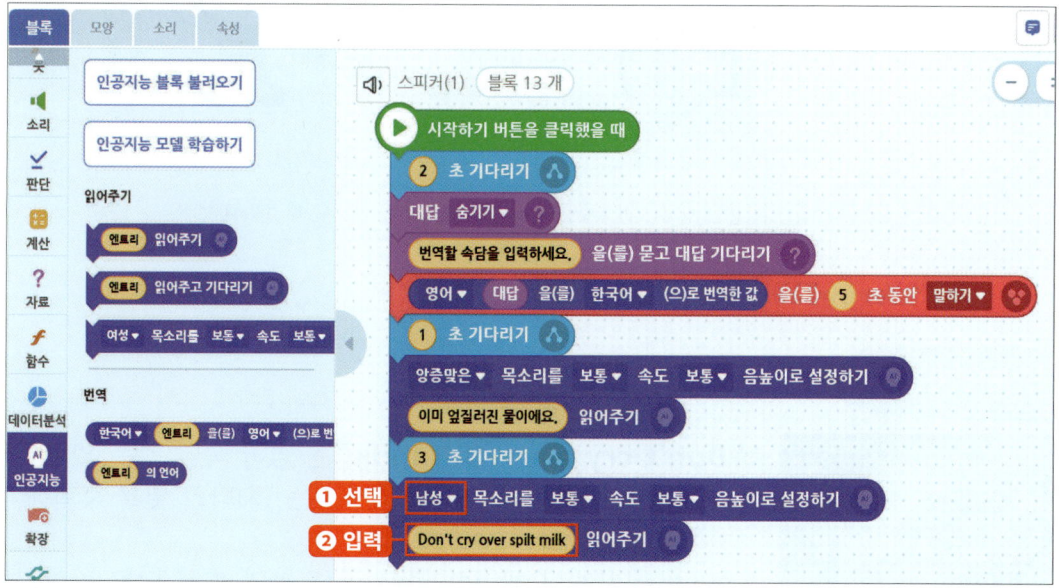

Chapter 15 인공지능으로 만드는 영어 속담 번역기 • **143**

5. 작품이 완성되면 [▶ 시작하기] 단추를 클릭하여 실행 화면에서 번역할 영어 속담 'Don't cry over spilt milk'를 입력하면 번역된 화면이 나타난 후 영어 속담을 앙증맞은 목소리와 남성 목소리로 들을 수 있습니다.

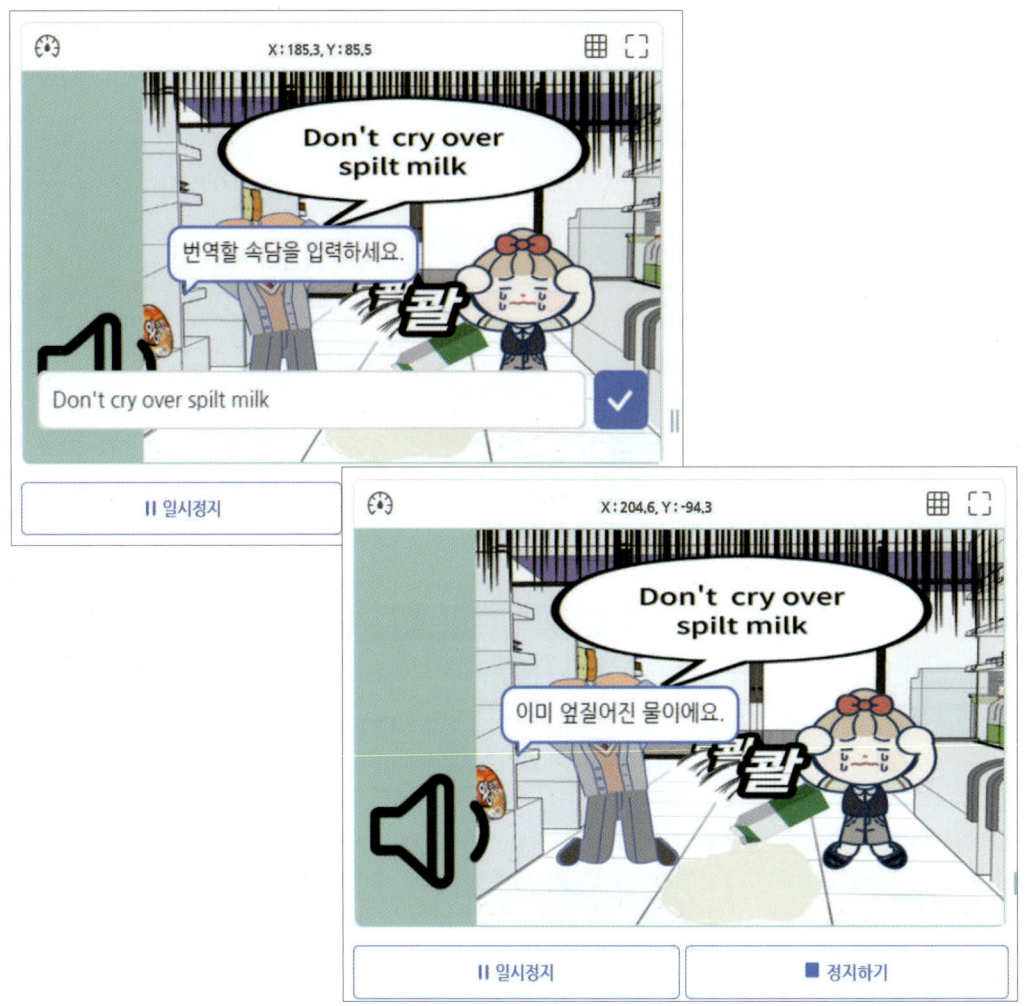

속담 이야기

"**Don't cry over spilt milk**"는 영어 속담으로 "엎질러진 우유를 두고 울어봐야 소용없다" 또는 "지나간 일을 후회해 봐야 아무 소용없다"라는 뜻입니다.

그리스 신화에서 헤라클레스가 히드라의 피를 담은 항아리를 들고 오다가 실수로 깨트린 이야기에서 유래한 "엎질러진 물은 다시 담을 수 없다"라는 속담과 비슷한 의미를 가지고 있습니다. 어떤 일이 일어났을 때 후회하거나 슬퍼해도 이미 지나간 일은 바꿀 수 없으므로 앞으로의 일에 집중하라는 조언을 담고 있습니다.

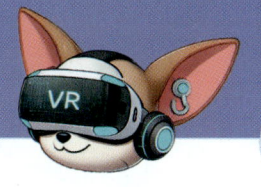

Chapter 15

AI 메이킹존

◼ 예제 파일 : 15강 영어 명언 번역기.ent

1 속담 번역기를 만들어 No Pain, No Gain 속담을 번역해 봅니다.

Chapter 15 인공지능으로 만드는 영어 속담 번역기 • **145**

아트구루로 체험하는 프롬프트 엔지니어

프롬프트는 생성형 AI에게 우리가 요청하는 질문이나 지시를 말합니다. 우리가 원하는 결과물을 얻기 위해서는 프롬프트(질문)를 잘 작성해야 합니다. 프롬프트 엔지니어(Prompt Engineers)는 AI가 최고의 결과물을 도출하는 데 필요한 명령어, 즉 '프롬프트'(prompts)를 작성하는 한편 AI 관련 인력을 훈련하는 일을 하는 직업을 말합니다. 소프트웨어 엔지니어가 프로그래밍 언어를 사용해 소프트웨어 코드를 작성하는 것과 달리 챗GPT나 GPT-4등 생성형 AI는 명령어를 입력해 작업을 지시하여 원하는 결과를 AI가 생성할 수 있도록 가장 적합한 명령어를 고르는 것이 업무의 핵심입니다. 최근 포브스에서 기사가 나올 정도로 해외에서는 고소득 직업으로 주목받고 있습니다.

▪ 나쁜 프롬프트 VS 좋은 프롬프트

재미있는 애니메이션을 추천해 주세요 ← 모호한 질문

동물과 로봇이 나오고 어린이가 좋아하는 애니메이션 3편을 추천해 주세요.
← 대상/숫자 넣어 구체적 질문

Chapter 16

이미지 생성형 AI 체험존

AI 그림 온라인 생성하기

① 기억에 남는 영화 장면이나 만들어 보고 싶은 애니메이션 장면을 프롬프트 창에 미리 작성해 봅니다.

② **아트구루**(https://www.artguru.ai/kr) 홈페이지에 접속하고 로그인한 후 프롬프트 입력창에 '숲속에 로봇, 새, 여우가 함께 있는 모습'을 입력한 다음 [생성하기] 단추를 클릭합니다.

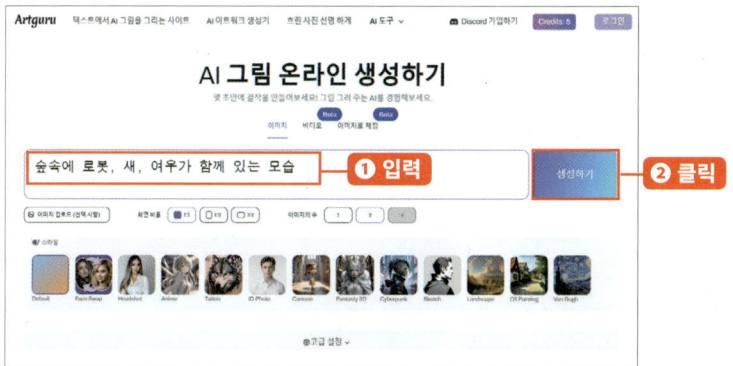

③ 그림 온라인 생성기가 명령어에 따른 그림을 그려줍니다.

Artguru
아트구루는 구글 또는 페이스북 계정으로 로그인하면 3회 무료로 이미지를 생성할 수 있습니다.

Chapter 17
인공지능으로 춤추는 레서 판다

#이미지 배경 지우기 #AI 사람 인식 #배경음악 추가

오늘의 학습목표

■ 예제 파일 : 17강 춤추는 레서 판다.ent   ■ 완성 파일 : 17강 춤추는 레서 판다_완성.ent

- 사람 인식 블록을 사용하는 방법에 대해 알아봅니다.
- 배경음악을 추가하는 방법에 대해 알아봅니다.
- 레서 판다를 엄지손가락으로 감지하는 방법에 대해 알아봅니다.

카메라를 향해 엄지손가락을 움직여 봅니다.

코딩 상식 — 딥페이크란?

딥페이크(deepfake)는 딥러닝(Deep learning)과 페이크(fake)의 합성어로, 인공지능(AI) 기술을 활용하여 사람의 얼굴, 음성, 행동 등을 조작해 실제처럼 보이게 만드는 합성 미디어 기술입니다.

01 레서 판다 이미지 배경 지우기

1 엔트리 계정에 로그인한 다음 상단 메뉴에서 [불러오기]( ) - [오프라인 작품 불러오기]를 클릭하여 '17강 춤추는 레서 판다.ent' 파일을 불러온 후 오브젝트 목록에서 [레서 판다_이미지]를 선택한 다음 [모양] 탭을 클릭합니다.

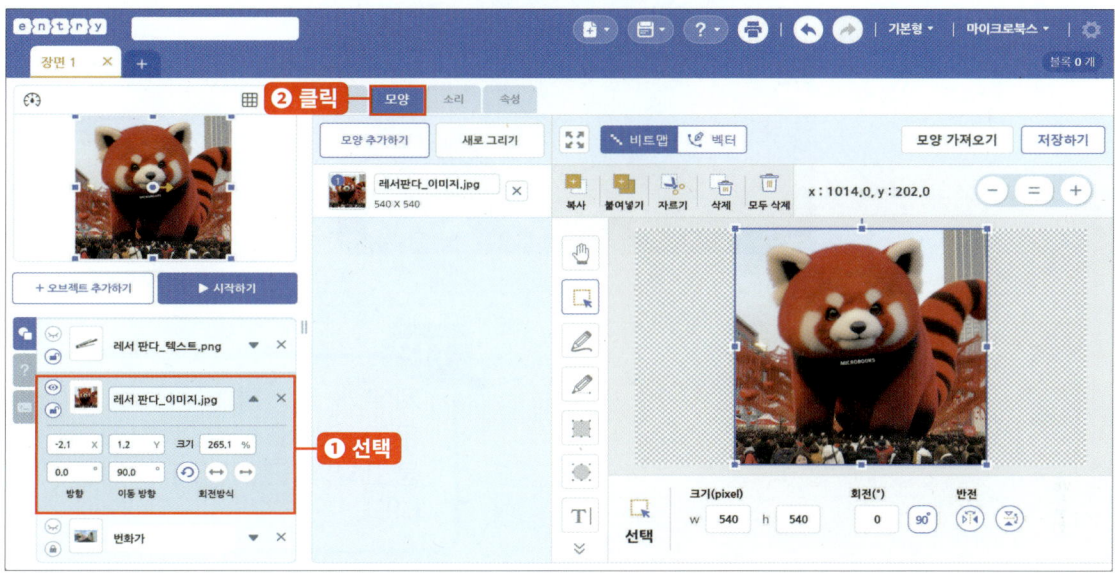

2 확대된 레서 판다 이미지를 축소하기 위해 돋보기의 축소(−) 단추를 여러 번 클릭하여 배경이 보이도록 이미지를 축소합니다.

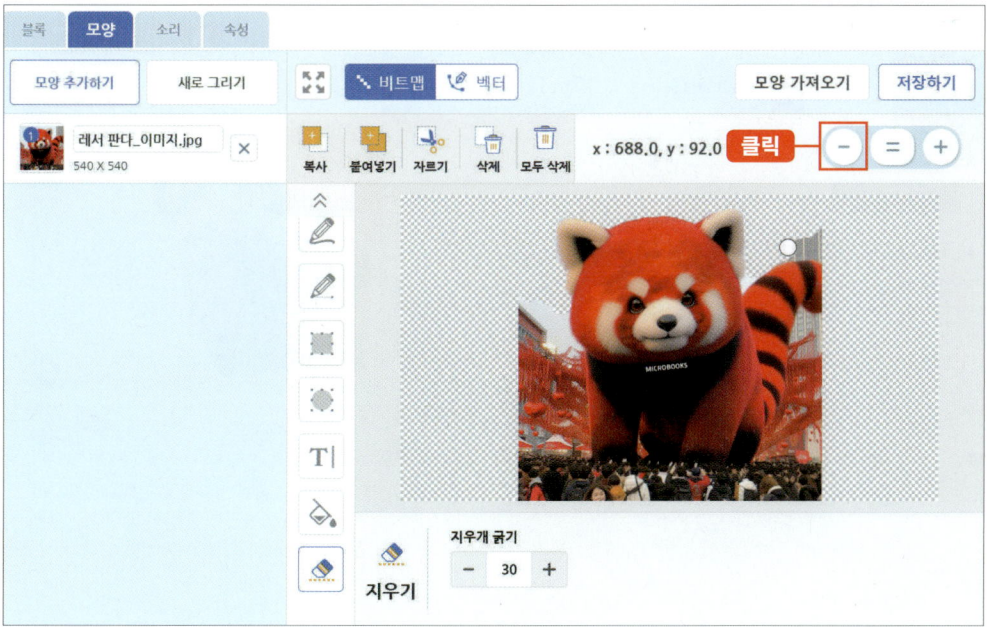

Chapter 17 인공지능으로 춤추는 레서 판다 • **149**

❸ 도구 상자에서 [지우개](🧽) 도구를 클릭하여 레서 판다 배경을 드래그하여 지웁니다.

TIP 지우개 굵기를 변경하여 지우고, 레서 판다의 꼬리는 둥그렇게 그리면서 지워줍니다.

❹ 그림과 같이 레서 판다 이미지의 배경을 지운 후 [저장하기] 단추를 클릭한 다음 [저장하기]를 선택합니다.

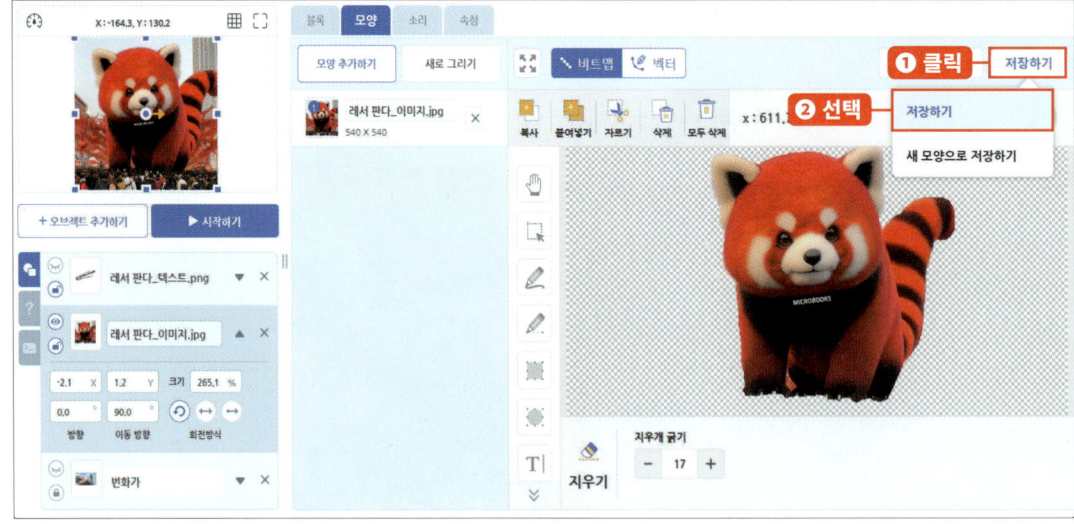

5 실행 화면에 배경이 삭제된 레서 판다가 나타나면 숨겨져 있는 번화가, 레서 판다_텍스트, 뛰는 사람, 소녀(3), 유치원생 오브젝트를 표시하기 위해 오브젝트의 숨기기( )를 클릭합니다.

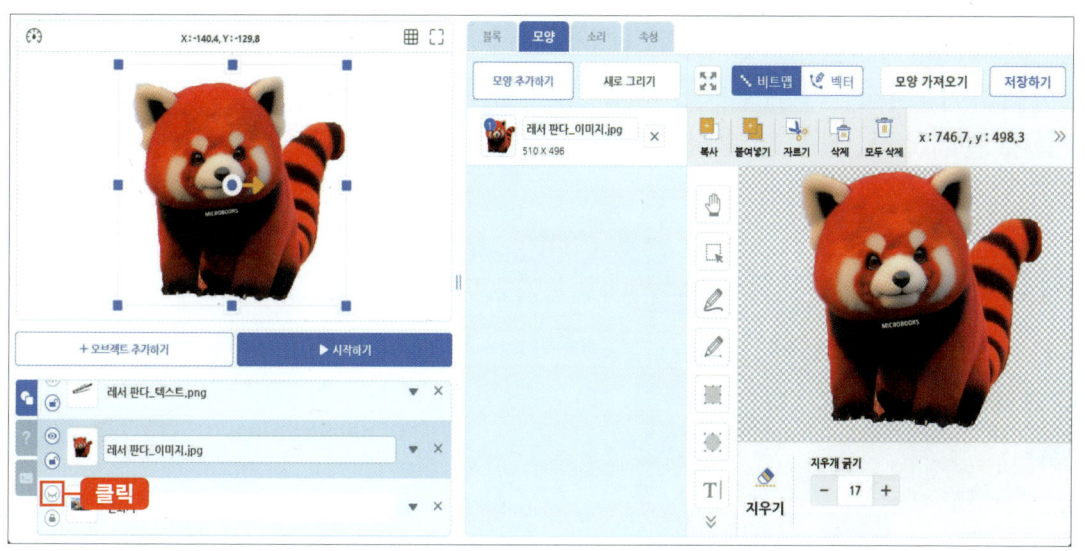

TIP

숨기기( )를 클릭하면 모양이 표시( )로 바뀌고 화면에 오브젝트가 표시됩니다.

02 사람 인식 블록 불러오기

1 숨겨진 오브젝트가 모두 표시되면 [레서 판다_이미지] 오브젝트를 선택하고 [블록] 탭을 선택하여 [시작] - 시작하기 버튼을 클릭했을 때 블록을 연결한 후 [인공지능] -[인공지능 블록 불러오기] 단추를 클릭한 다음 비디오 감지에서 [사람 인식]을 선택한 후 [불러오기] 단추를 클릭합니다.

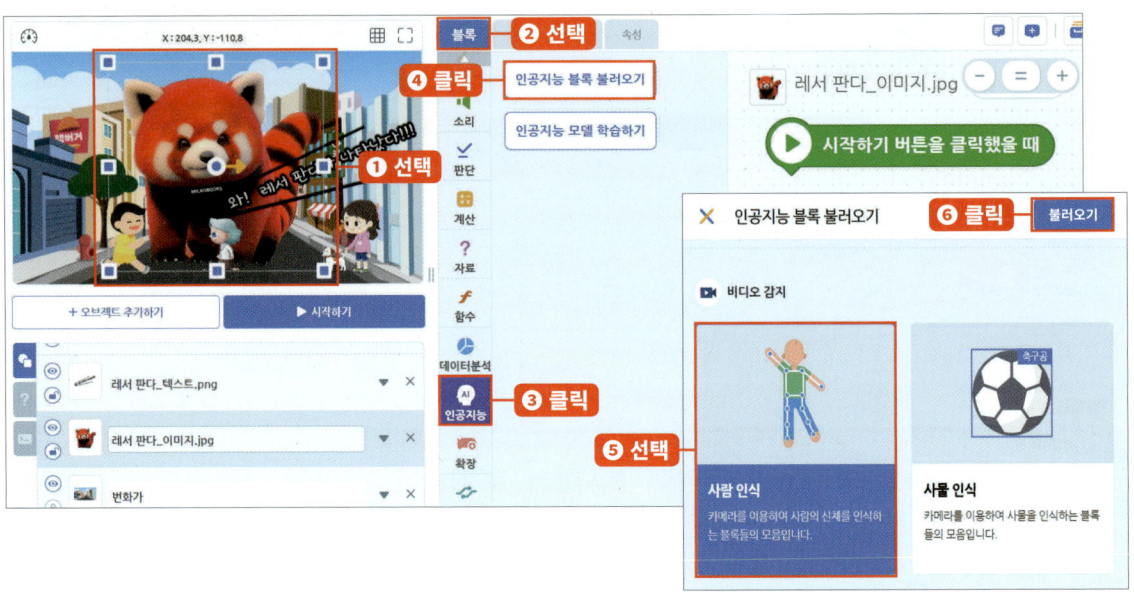

2 불러온 비디오 화면 [보이기▼] 블록과 사람 인식 [시작하기▼] 블록을 연결한 후 다시 사람을 인식했을 때 블록을 연결하고 [흐름] - 계속 반복하기 블록을 연결한 다음 [인공지능] - [1▼] 번째의 사람의 [코▼] (으)로 이동하기 블록을 연결하고 [코] 블록의 [목록 상자](▼) 단추를 클릭하여 [오른쪽 엄지]를 선택합니다.

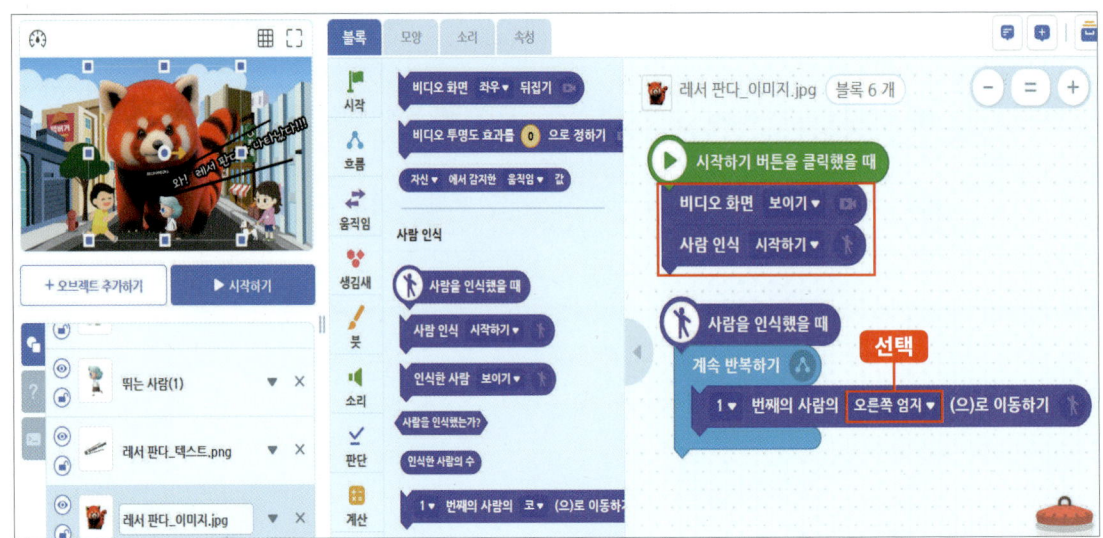

03 읽어주기 블록 불러오기

❶ 오브젝트 목록에서 [레서 판다_텍스트]를 선택하고 [시작] - 시작하기 버튼을 클릭했을 때 블록을 연결한 후 [인공지능] - [인공지능 블록 불러오기] 단추를 클릭한 다음 [읽어주기] 블록을 선택하고 [불러오기] 단추를 클릭합니다.

❷ 불러온 엔트리 읽어주기 블록을 연결하고 내용을 '와! 레서 판다가 나타났다'로 수정한 후 [여성▼] 목소리를 [보통▼] 속도 [보통▼] 음높이로 설정하기 블록을 연결하고 [여성]의 [목록 상자](▼) 단추를 클릭하여 [울리는]을 선택합니다.

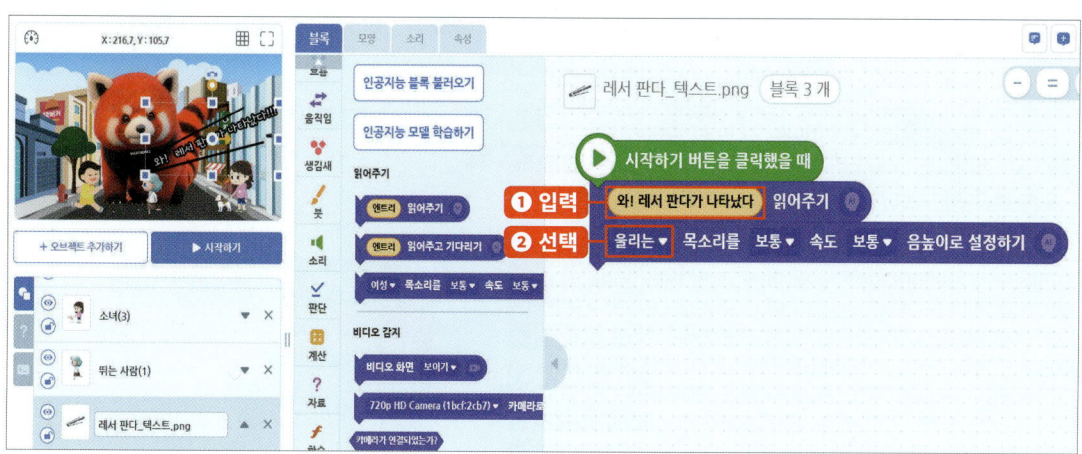

Chapter 17 인공지능으로 춤추는 레서 판다 · 153

04 배경음악 추가하기

① 오브젝트 목록에서 [뛰는 사람(1)]을 선택하고 그림과 같이 블록을 코딩한 후 코드를 복사하기 위해 `시작하기 버튼을 클릭했을 때` 블록을 선택하고 [마우스 오른쪽 버튼]을 클릭하여 [코드 복사하기]를 선택합니다.

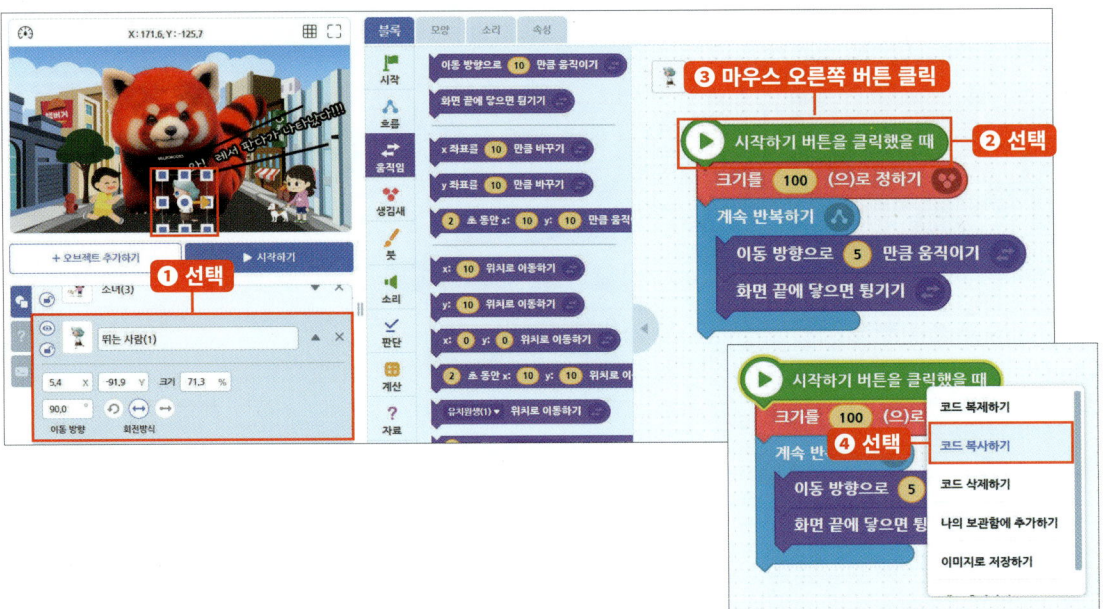

② 복사한 코드를 붙여넣기 위해 오브젝트 목록에서 [소녀(3)]을 선택고 블록 조립소에서 [마우스 오른쪽 버튼]을 클릭하여 [붙여넣기]를 선택한 후 `이동 방향으로 5 만큼 움직이기` 블록의 입력값(-5)을 수정합니다.

❸ 같은 방법으로 [소녀(3)] 코드를 복사하여 [유치원생(1)] 오브젝트에 붙여넣은 후 배경 음악을 추가하기 위해 [소리] 탭을 클릭합니다.

❹ 소리 탭의 [소리 추가하기] 단추를 클릭하고 소리 추가하기에서 [배경음악] - [당신은 누구십니까] 음악을 선택하고 [추가하기] 단추를 클릭합니다.

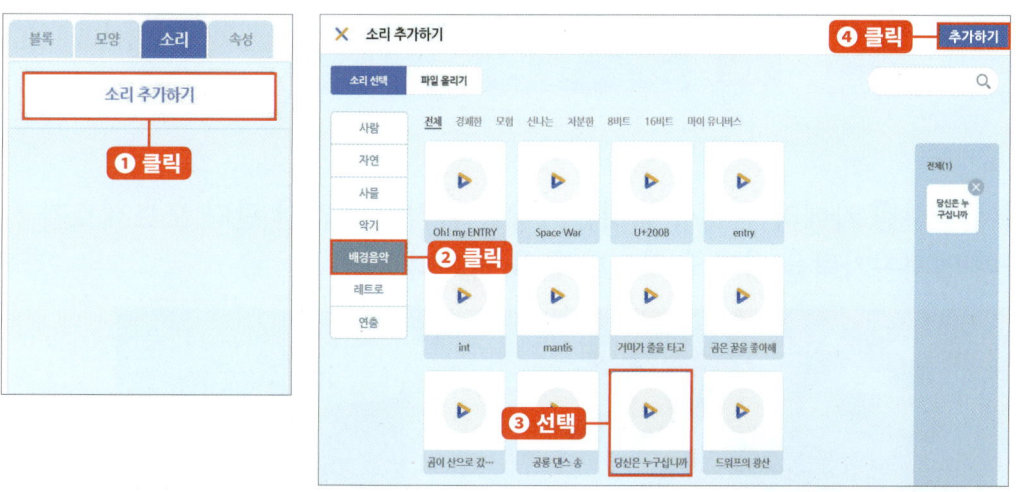

❺ 소리가 추가되면 [블록] 탭을 클릭하고 [소리] - 소리 [당신은 누구십니까▼] 재생하기 블록을 시작하기 버튼을 클릭했을 때 블록 아래에 연결합니다.

Chapter 17 인공지능으로 춤추는 레서 판다 • **155**

05 실행 화면에서 비디오 감지하기

❶ 작품이 완성되면 [▶ 시작하기] 단추를 클릭하여 신나는 노래와 함께 '와! 레서 판다가 나타났다'는 음성을 들을 수 있습니다.

❷ 컴퓨터에 연결된 카메라 앞에서 엄지손가락을 움직이면 레서 판다 오브젝트가 사람을 인식하여 엄지손가락을 따라 움직이며 춤을 춥니다.

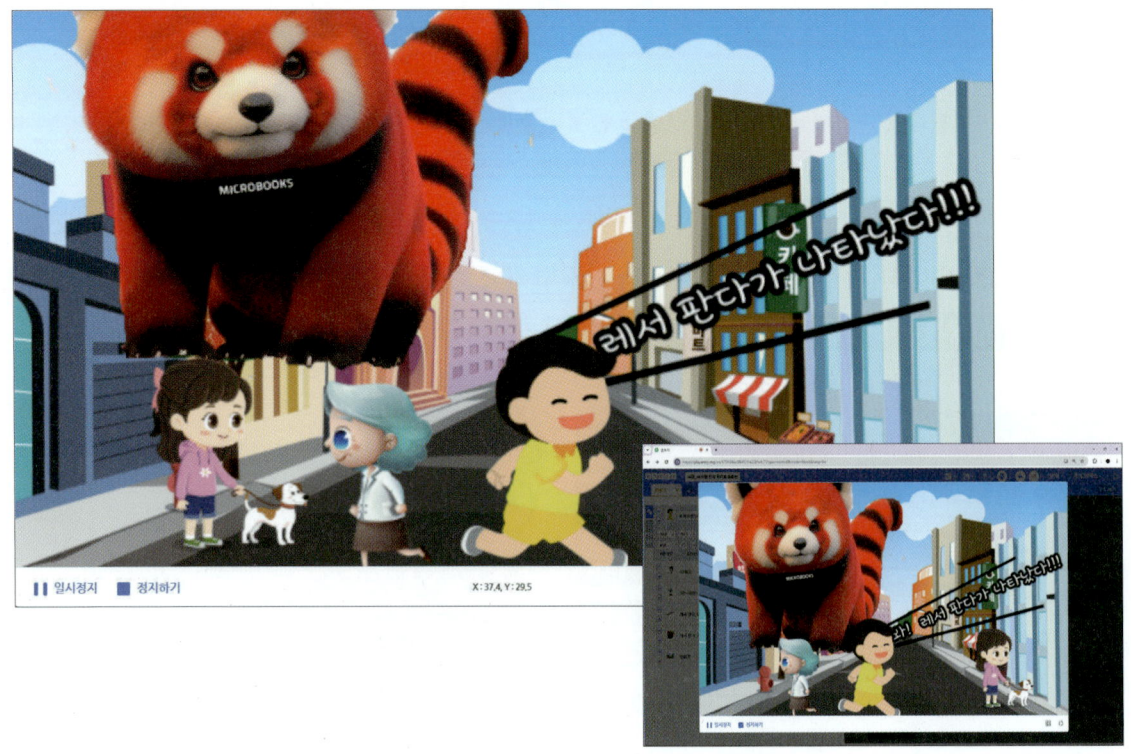

156 · 코딩마불 AI여행

Chapter 17

AI메이킹존

📄 **예제 파일 :** 17강 판다 월드.ent

1 편집 화면에서 판다 월드 배경을 지우개로 삭제해 봅니다.

2 인공지능의 얼굴 인식 블록으로 판다 오브젝트를 인식할 수 있도록 코딩해 봅니다.

Chapter 17 인공지능으로 춤추는 레서 판다 • **157**

딥페이크 기술의 발전과 위험성

■ 딥페이크 기술의 작동 원리

딥페이크는 주로 **생성적 적대 신경망**(**GAN**, Generative Adversarial Network)이라는 AI 기술을 사용합니다. GAN은 두 개의 신경망이 서로 경쟁하면서 학습하는 방식입니다.

 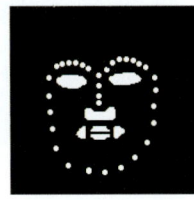   

입력　　　정렬　　　　　　　재정렬　　　합성

  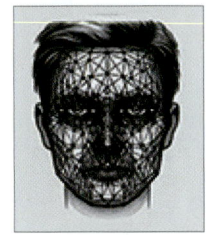 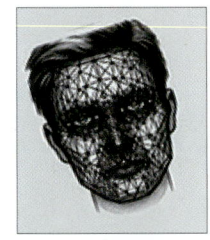 

하나는 가짜 이미지를 생성하고, 다른 하나는 이를 판별합니다. 이 과정을 반복하면서 점점 더 정교한 가짜 이미지를 만들어 냅니다.

■ 딥페이크 제작 과정

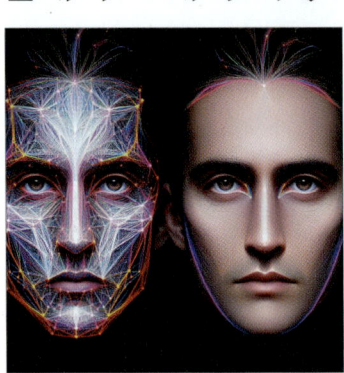

① 원본 영상에서 얼굴 부분을 추출합니다.
② 합성하고자 하는 대상의 얼굴 데이터를 학습시킵니다.
③ GAN을 이용해 원본 영상의 얼굴을 대상의 얼굴로 대체합니다.
④ 자연스러운 연결을 위해 세부적인 조정 작업을 거칩니다.

Chapter 18

딥페이크 기술 체험존

딥페이크의 활용과 위험성

딥페이크는 상업영화, 광고 등의 특별한 효과로도 활용되고 교육·의료·영상에서 제작 자료를 만들 때도 활용하는 기술입니다. 하지만 이렇게 긍정적인 활용 이면에 가짜뉴스 제작과 허위 정보 유포, 사생활과 관련된 음란물 생성에 악용되고 있어 이를 방지하기 위해 딥페이크를 탐지하는 기술과 관련된 항목이 함께 개발되고 있습니다.

딥페이크 탐지 기술은 AI를 이용해 영상의 진위 여부를 판별하는 기술입니다. 하지만 딥페이크 기술의 발전 속도가 빨라 완벽한 대응은 쉽지 않은 상황입니다. 법적으로 많은 국가에서 딥페이크 관련 법안을 마련하고 있습니다. 우리나라도 정보통신망과 성폭력처벌법등을 통해 딥페이크 범죄에 대응하고 있습니다. 딥페이크 기술은 양날의 검과 같아 올바르게 사용하면 우리 삶을 풍요롭게 할 수 있지만, 악용될 경우 심각한 문제를 일으킬 수 있습니다. 우리 모두 이 기술에 대해 관심을 가지고 올바른 사용 방안을 고민해야 합니다.

딥페이크의 활용과 위험성

친구들이 생각하는 딥페이크의 순기능과 역기능을 읽고, 내가 생각하는 딥페이크의 순기능과 역기능을 적어주세요.

순기능

1. 다시 볼 수 없는 사람을 볼 수 있다.
2. 실종한 사람을 찾을 수 있다.
3. 딥페이크의 좋은 점은 기술이 많이 업그레이드된 것 같다.
4.

역기능

1. 얼굴을 한 번에 바꿀 수 있어서 하지 않은 행동도 했다고 오해를 받을 수 있다.
2. 얼굴, 목소리를 사용해 사람들을 속일 수 있다.
3. 일반인을 나쁜 사람으로 만들 수 있다.
4.

Chapter 19

AI로 분류하는 신선한 감자 VS 불량 감자 찾기

#인공지능 모델 학습하기 #이미지 분류 #데이터 학습

오늘의 학습목표

■ 예제 파일 : 19강 불량 감자 찾기.ent   ■ 완성 파일 : 19강 불량 감자 찾기_완성.ent

- 분류한 이미지를 가지고 모델을 학습하는 방법에 대해 알아봅니다.
- AI 로봇을 학습시켜 데이터를 추출하는 방법에 대해 알아봅니다.

코딩 상식 머신러닝이란?

머신러닝(Machine Learning)은 컴퓨터가 데이터를 학습해서 스스로 어떤 작업을 할 수 있도록 만드는 과정에 대한 기술입니다. 사람의 명령이나 별도의 프로그래밍 없이도 컴퓨터가 스스로 데이터에서 패턴을 찾고 그 패턴을 이용해 결정을 내리거나 예측을 할 수 있게 하는 것을 목표로 합니다. 예를 들어서 사진 속에 강아지가 있는지 확인하는 프로그램을 만든다고 생각해 보면 기존 방식으로는 프로그래머가 고양이의 특징을 하나하나 코드로 작성해야 했지만, 머신러닝을 사용하면 수많은 강아지 사진을 스스로 학습해서 새로운 사진에서도 강아지가 있는지 없는지 판단할 수 있습니다.

01 ▶ 인공지능 모델 학습하기

① 엔트리 계정에 로그인한 다음 상단 메뉴에서 [불러오기]( ) - [오프라인 작품 불러오기]를 클릭하여 '19강 불량 감자 찾기.ent' 파일을 불러온 후 [소놀 AI 로봇] 오브젝트를 클릭한 다음 [인공지능] - [인공지능 모델 학습하기] 단추를 클릭합니다.

TIP 인공지능 모델 학습은 인터넷이 연결되어 있어야 정상적으로 작동됩니다.

② 새로 만들기에서 [분류: 이미지] 단추를 선택하고 [학습하기] 단추를 클릭합니다.

Chapter 19 AI로 분류하는 신선한 감자 VS 불량 감자 찾기 • **161**

02 ▶ 데이터 입력하기

① 새로운 모델 이름은 '신선한 감자 VS 불량 감자 찾기'로 입력한 후 데이터 입력에서 [클래스 1]은 '신선한 감자'로 수정한 다음 [파일 업로드](⬆) 단추를 클릭합니다.

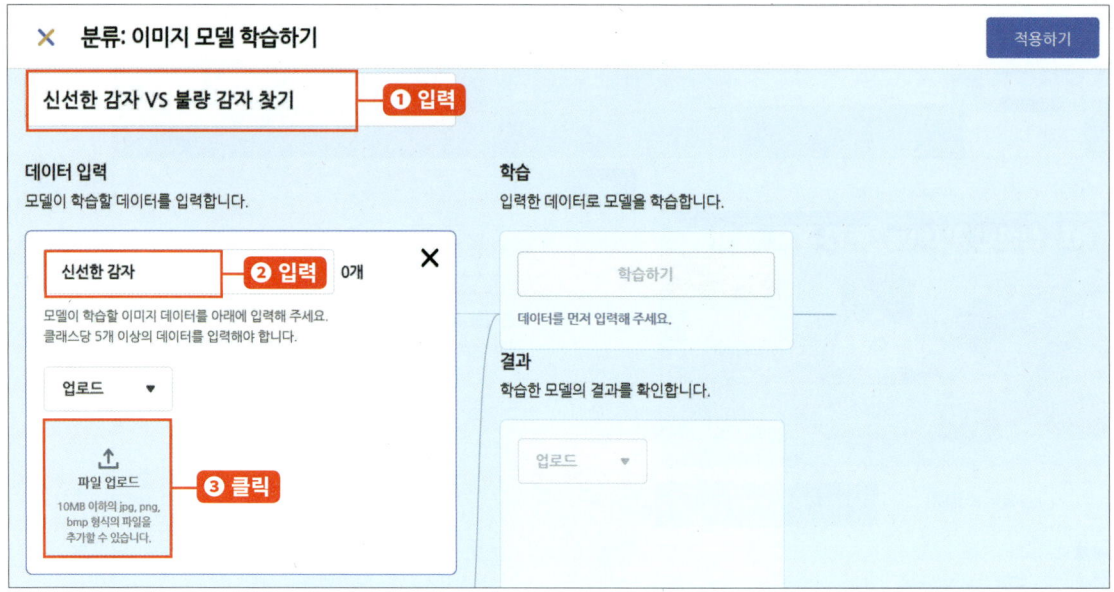

② 그림과 같이 [열기] 창이 나타나면 파일이 저장된 위치를 선택한 후 [신선한 감자] 폴더에서 키보드의 Ctrl + A 키를 누르고 '신선한 감자' 이미지를 전체 선택한 다음 [열기] 단추를 클릭합니다.

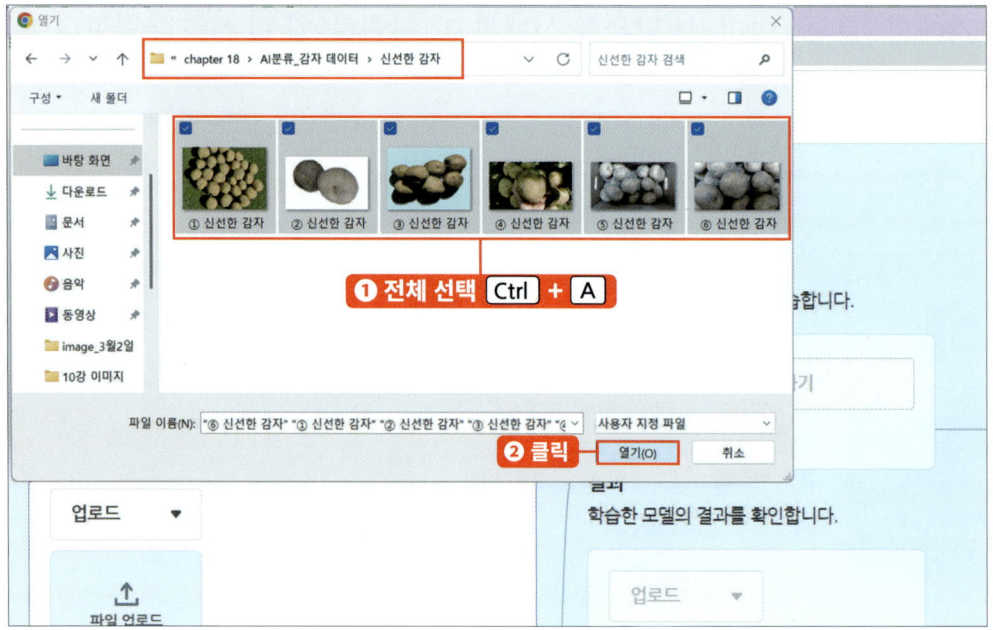

❸ 신선한 감자 데이터가 입력되면 [클래스 2]를 '불량 감자'로 수정한 후 [파일 업로드] (⬆) 단추를 클릭합니다.

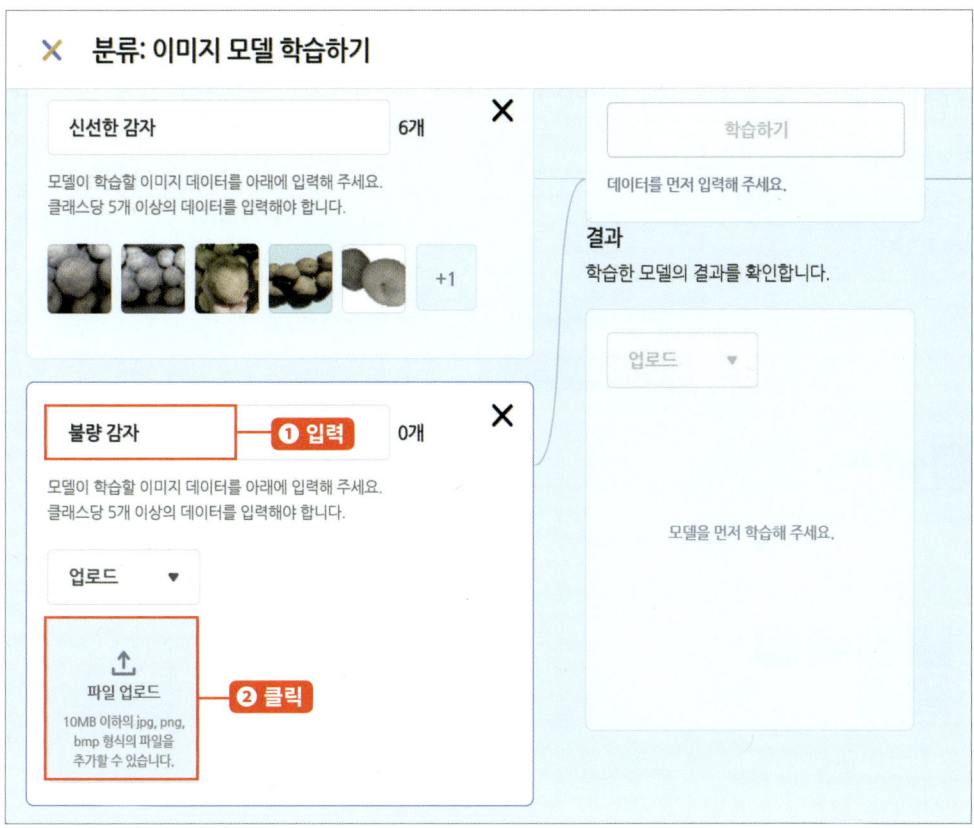

❹ 그림과 같이 [열기] 창이 나타나면 파일이 저장된 위치를 선택한 후 키보드의 Ctrl + A 키를 누르고 '불량 감자' 이미지를 전체 선택한 다음 [열기] 단추를 클릭합니다.

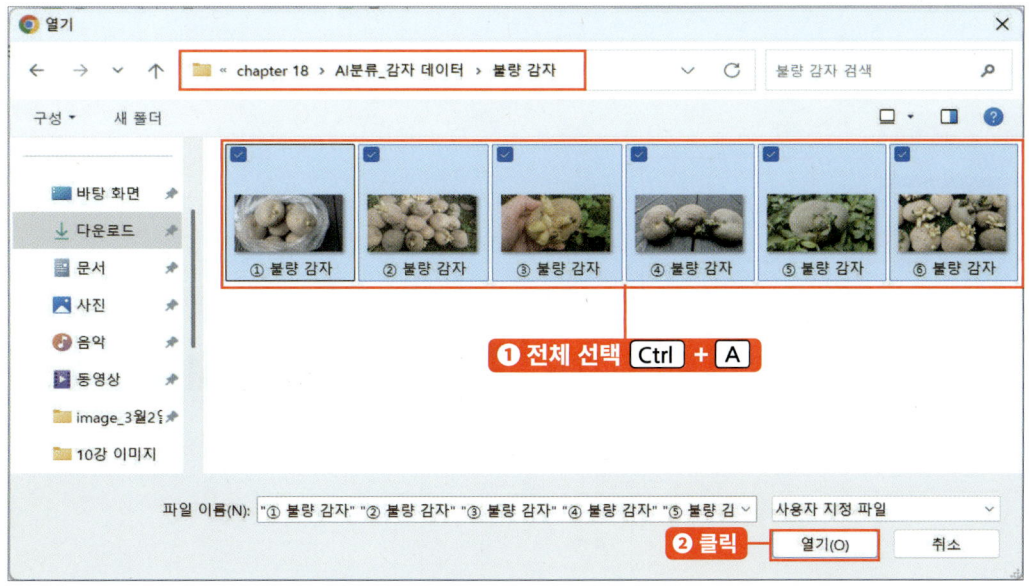

03 입력한 데이터 모델 학습하기

1 신선한 감자와 불량 감자의 데이터 입력이 끝나면 [학습하기] 단추를 클릭합니다.

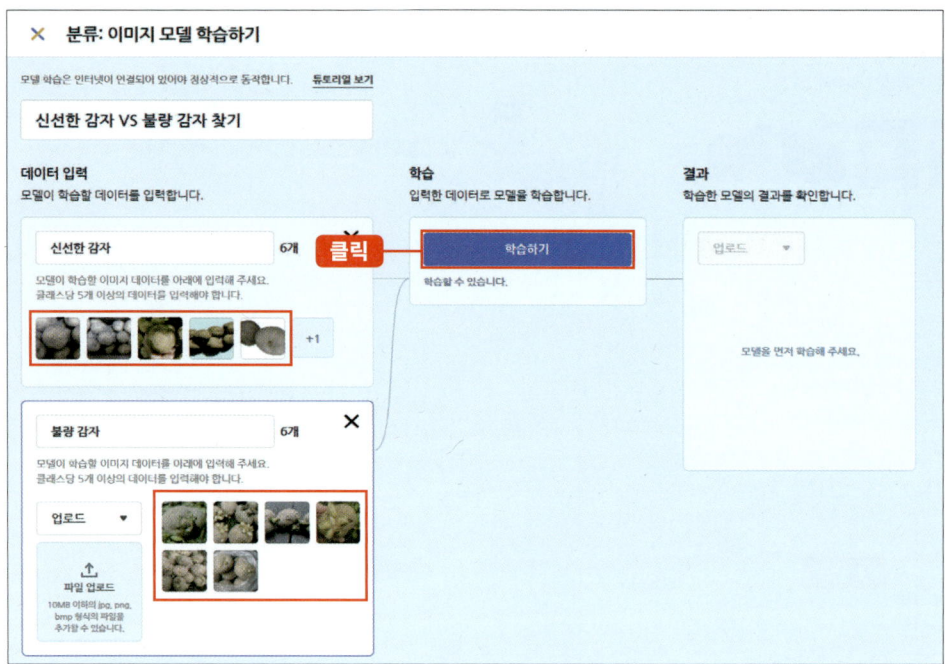

2 학습하기가 완료되면 학습한 모델의 결과를 확인하기 위해 결과에서 [파일 업로드](⬆) 단추를 클릭한 후 [열기] 창이 나타나면 [신선한 감자] 폴더에서 [신선한 감자] 이미지를 선택하고 [열기] 단추를 클릭합니다.

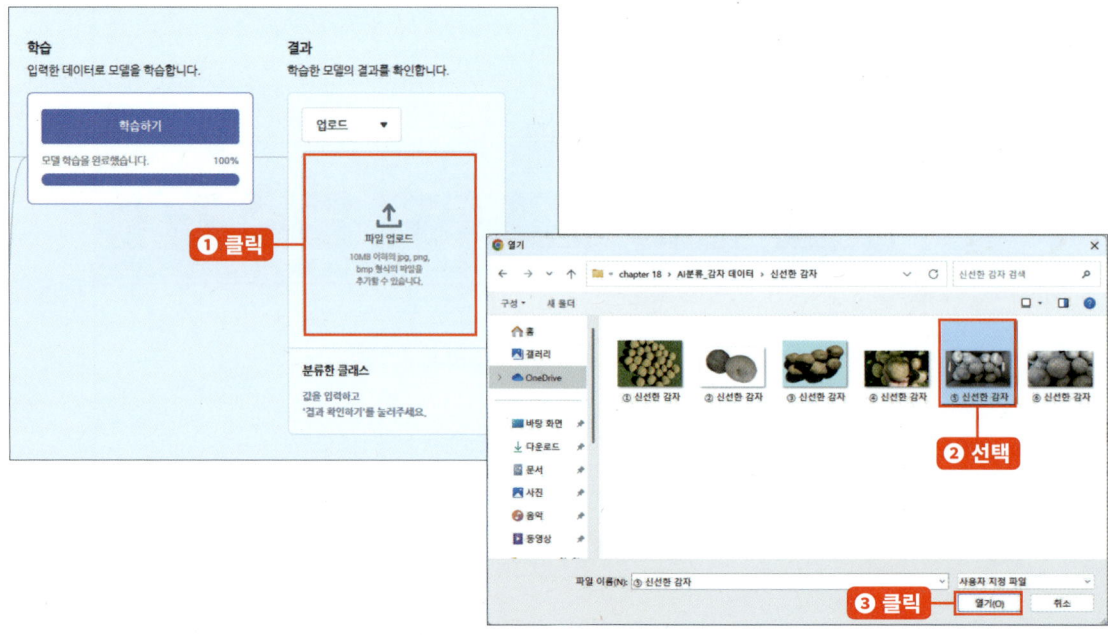

❸ 그림과 같이 분류한 감자 데이터가 잘 학습되어 신선한 감자로 분류된 것을 확인할 수 있습니다.

❹ 위와 같은 방법으로 '불량 감자' 데이터를 선택하여 결과를 확인한 후 [적용하기] 단추를 클릭합니다.

04 인공지능 블록으로 신선한 감자 vs 불량 감자 찾기

❶ 인공지능 로봇을 만들기 위해 [시작] - `시작하기 버튼을 클릭했을 때` 블록과 [생김새] - `안녕! 을(를) 4 초 동안 [말하기▼]` 블록을 연결하고 내용을 '분류 학습 완료, AI 자동 버튼 클릭!'으로 수정합니다.

❷ 다시 [시작] - `마우스를 클릭했을 때` 블록과 [흐름] - `계속 반복하기` 블록을 연결하고 [인공지능] - `학습한 모델로 분류하기` 블록을 끼워 넣습니다.

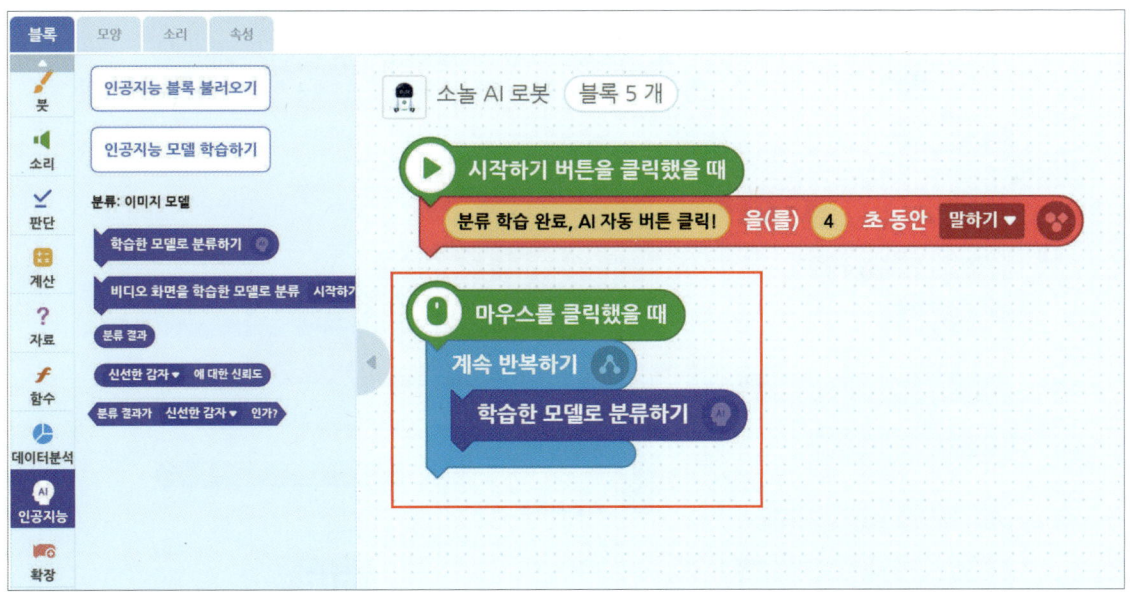

❸ 이어서 [흐름] - 만일 참 (이)라면 / 아니면 블록을 연결하고 [인공지능] - 분류 결과가 [신선한 감자▼] 인가? 블록을 참 블록 안에 끼워 넣습니다.

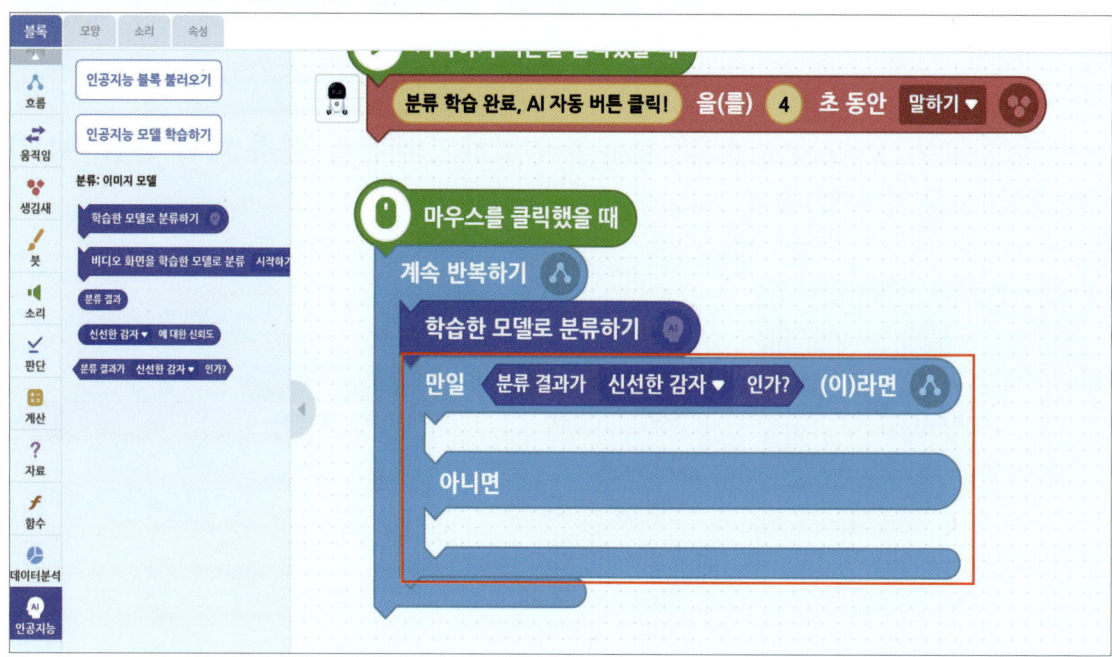

❹ 이어서 [생김새] - [소놀 AI 로봇_1▼] 모양으로 바꾸기 블록을 연결하고 [목록 상자](▼) 단추를 클릭하여 [소놀 AI 로봇_6]을 선택합니다.

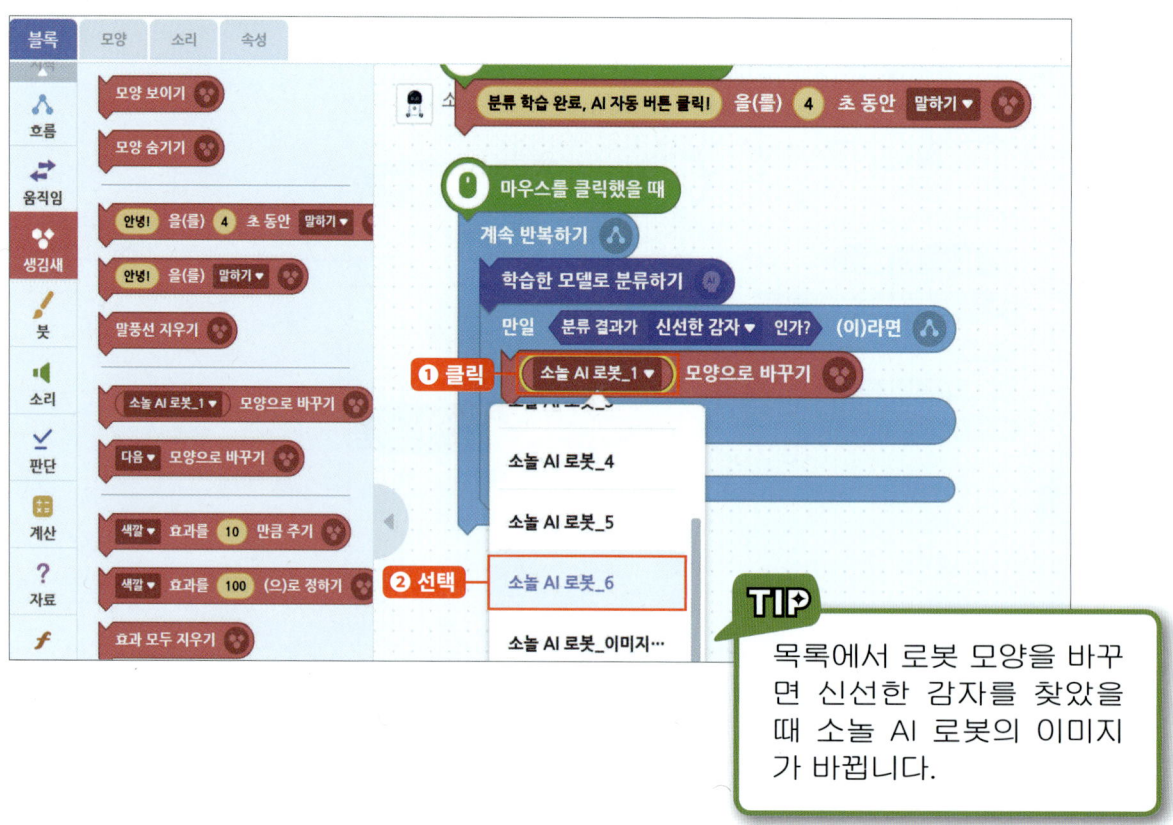

TIP 목록에서 로봇 모양을 바꾸면 신선한 감자를 찾았을 때 소놀 AI 로봇의 이미지가 바뀝니다.

168 • 코딩마불 AI여행

❺ 이어서 [흐름] - 2 초 기다리기 블록을 연결합니다.

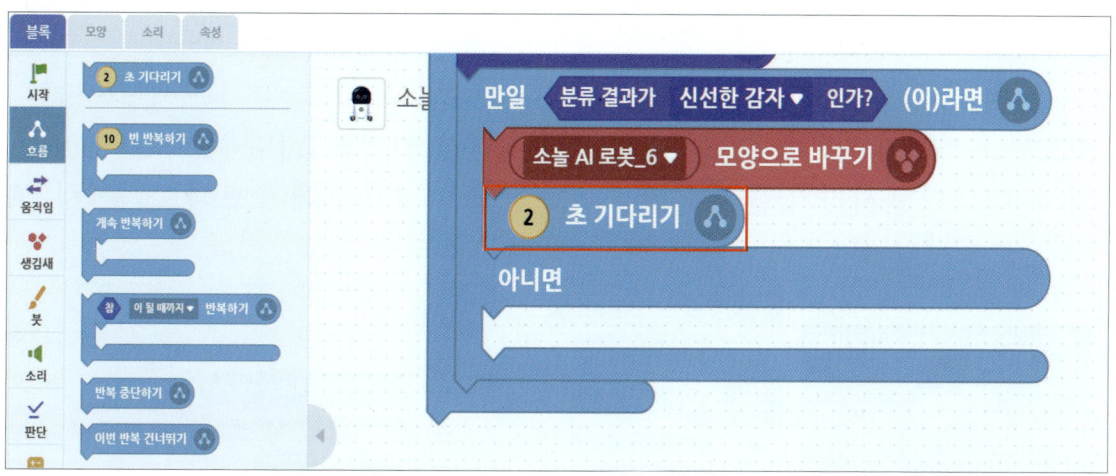

❻ 다시 아니면 블록에 [생김새] - [소놀 AI 로봇_1▼] 모양으로 바꾸기 블록을 연결한 다음 [목록 상자](▼)에서 [소놀 AI 로봇_이미지 인식_1]을 선택하고 [흐름] - 2 초 기다리기 블록을 연결합니다.

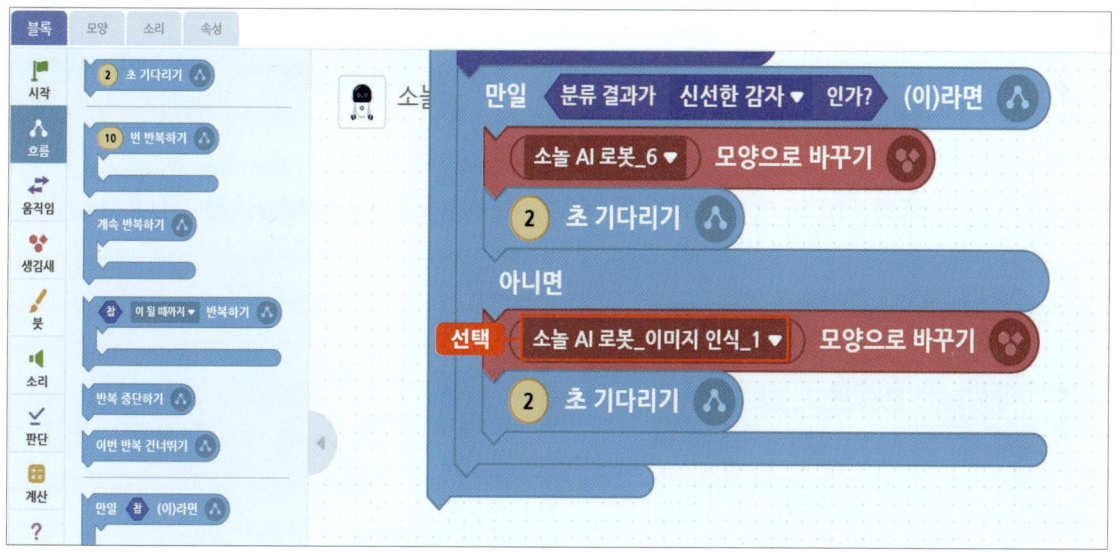

05 AI 자동 버튼 만들기

① 코드를 복사하기 위해 `마우스를 클릭했을 때` 블록을 선택하고 [마우스 오른쪽 버튼]을 클릭하여 [코드 복사하기]를 선택한 후 코드를 붙여넣기 위해 오브젝트 목에서 [AI 자동 버튼]을 선택합니다.

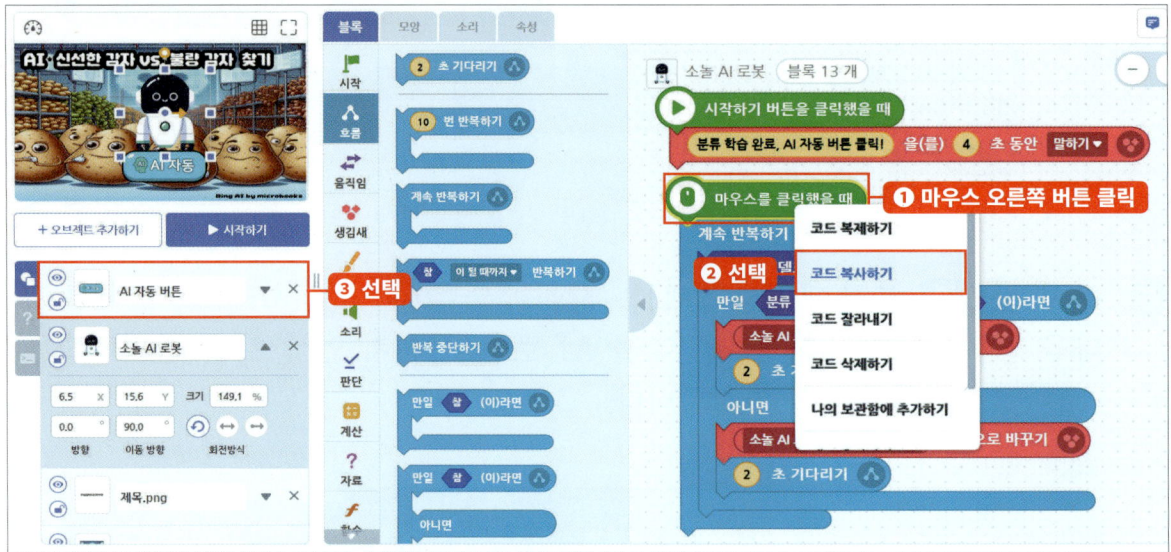

② 블록 조립소에서 [마우스 오른쪽 버튼]을 클릭하여 [붙여넣기]를 선택합니다.

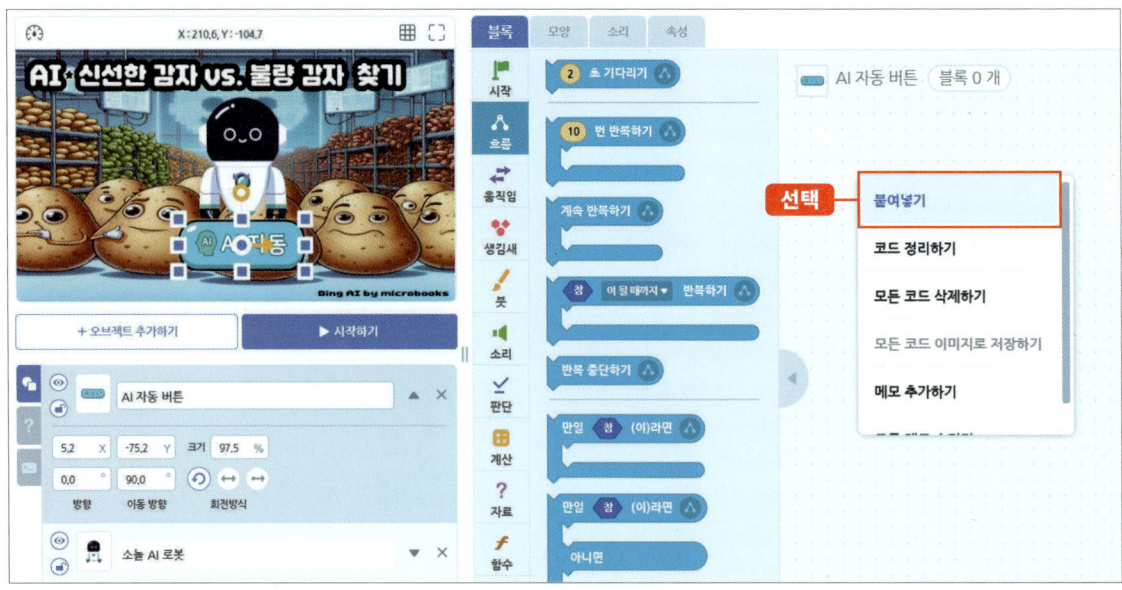

❸ 코드를 수정하기 위해 마우스를 클릭했을 때 블록을 선택하고 [마우스 오른쪽 버튼]을 클릭하여 [코드 삭제하기]를 선택합니다.

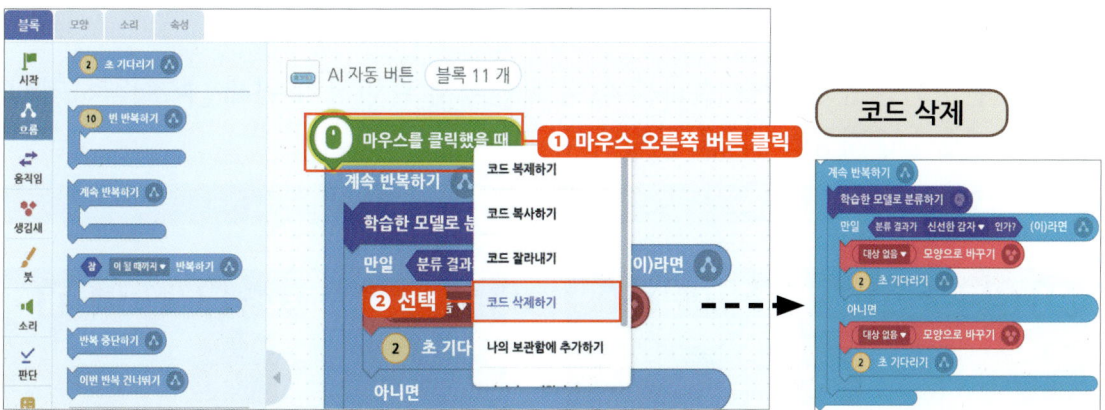

❹ 코드가 삭제되면 [시작] - 오브젝트를 클릭했을 때 블록을 연결한 후 첫 번째 [대상 없음▼] 모양으로 바꾸기 블록에서 [목록 상자](▼) 단추를 클릭하여 [신선한 감자]를 선택합니다.

❺ 같은 방법으로 두 번째 [대상 없음▼] 모양으로 바꾸기 블록에서 [목록 상자](▼) 단추를 클릭하여 [불량 감자]를 선택합니다.

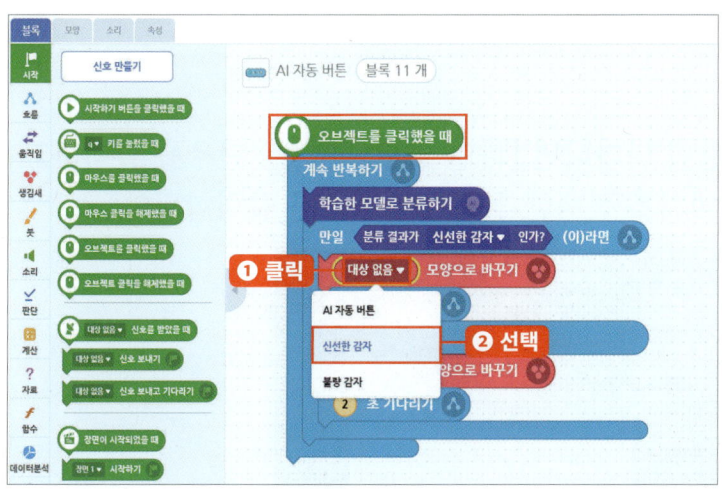

Chapter 19 AI로 분류하는 신선한 감자 VS 불량 감자 찾기 • **171**

06 분류 학습 결과 확인하기

① 작품이 완성되면 분류 학습 결과를 실행 화면에서 확인하기 위해 [▶ 시작하기] 단추를 클릭한 다음 [AI 자동] 버튼을 클릭니다.

② 그림과 같이 [데이터 입력] 창이 나타나면 [파일 업로드](⬆) 단추를 클릭하고 [열기] 창에서 [신선한 감자] 이미지를 선택한 후 [열기] 단추를 클릭합니다.

❸ 이어서 [적용하기] 단추를 클릭하면 실행 화면에서 '소놀 AI 로봇_6'의 모습과 '신선한 감자' 이미지를 확인할 수 있습니다.

❹ 위와 같은 방법으로 불량 감자 데이터를 입력하여 '소놀 AI 로봇의 이미지 인식_1'의 모습과 '불량 감자' 이미지를 확인할 수 있습니다.

> **TIP**
>
> **촬영 모드로 학습하기**
>
> 컴퓨터 카메라로 감자를 직접 촬영하여 데이터를 입력할 수도 있습니다.

Chapter 19 AI로 분류하는 신선한 감자 VS 불량 감자 찾기 • **173**

AI 메이킹존

1. 이미지 모델 학습하기에서 한라봉과 천혜향 데이터를 입력하고 학습시켜 결과를 확인해 봅니다.

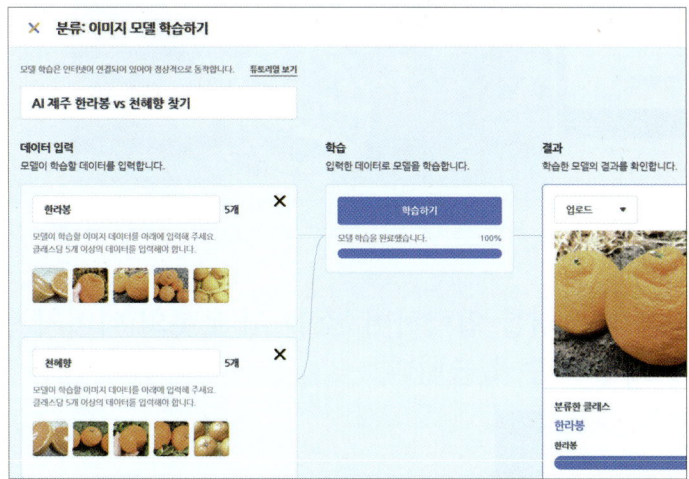

2. 반으로 자른 천혜향 이미지를 업로드하여 결과를 확인해 봅니다.

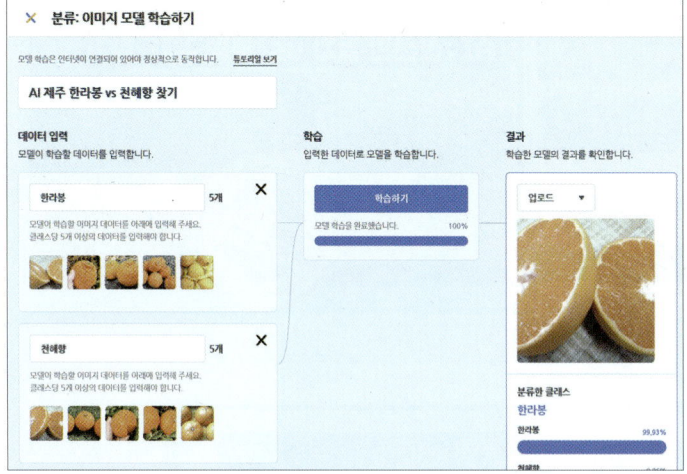

> **문제해결 방법**
> 데이터가 적으면 제대로 이해하지 못하여 반으로 자른 천혜향의 이미지를 한라봉으로 잘 못 구분하여 틀린 결과로 나올 수 있습니다. 이를 해결하려면 더 많은 한라봉과 천혜향의 이미지가 필요합니다.

Chapter 19

분류: 이미지 모델 학습하기

■ **예제 파일 :** 19강 제주 한라봉 찾기.ent

3 분류 학습이 끝나면 실행 화면에서 학습된 결과를 확인해 봅니다.

새로운 이미지 모델 학습하기를 만든다면, 어떤 종류의 데이터를 입력할지 생각해 보고 적어봅니다.

새로운 모델명	
클래스 1	
클래스 2	

Chapter 20 데이터로 분석한 미세먼지의 습격

#날씨 확장 블록 #데이터 분석하기 #데이터 업데이트

오늘의 학습목표

■ **예제 파일** : 20강 미세먼지의 습격.ent   ■ **완성 파일** : 20강 미세먼지의 습격_완성.ent

현재 미세먼지 농도를 확인하는 방법에 대해 알아봅니다.
데이터를 업데이트하는 방법에 대해 알아봅니다.

 **코딩 상식**   할루시네이션이란?

할루시네이션(Hallucination)은 환각, 환영, 환청을 의미하는 영단어로 인공지능에서 할루시네이션은 AI가 현실과 일치하지 않는 잘못된 정보를 생성하거나, 없는 사실을 거짓말하는 현상을 의미합니다. 이는 결국 가짜뉴스를 생산하고, 더 나아가 사회적 문제로도 확산될 수 있는 중요한 문제입니다. 이런 할루시네이션의 문제를 최소화하기 위해서는 출처가 명확한 데이터로 AI를 학습시켜야 하고, 정확한 프롬프트를 입력하는 것이 중요합니다.

01 현재 미세먼지 농도 알아보기

❶ 엔트리 계정에 로그인한 다음 상단 메뉴에서 [불러오기]( ) - [오프라인 작품 불러오기]를 클릭하여 '20강 미세먼지의 습격.ent' 파일을 불러온 후 오브젝트 목록에서 [정장 엔트리봇(2)]를 선택한 다음 [시작] - 시작하기 버튼을 클릭했을 때 블록과 [생김새] - 안녕! 을(를) [말하기▼] 블록을 연결합니다.

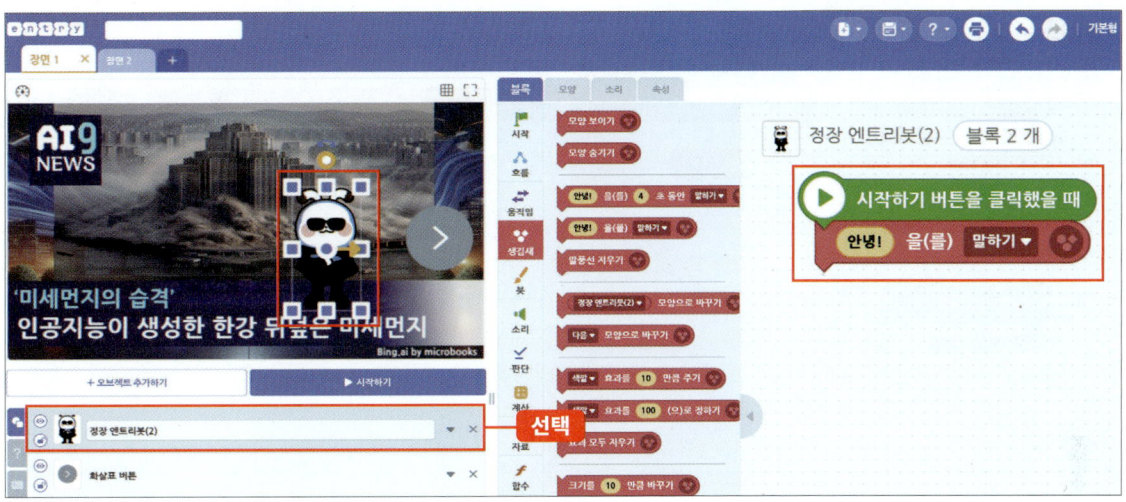

❷ 이어서 [계산] - 안녕! 과(와) 엔트리 을(를) 합친 값 블록을 안녕! 블록에 끼워 넣고 다시 안녕! 과(와) 엔트리 을(를) 합친 값 블록을 엔트리 블록에 끼워 넣습니다.

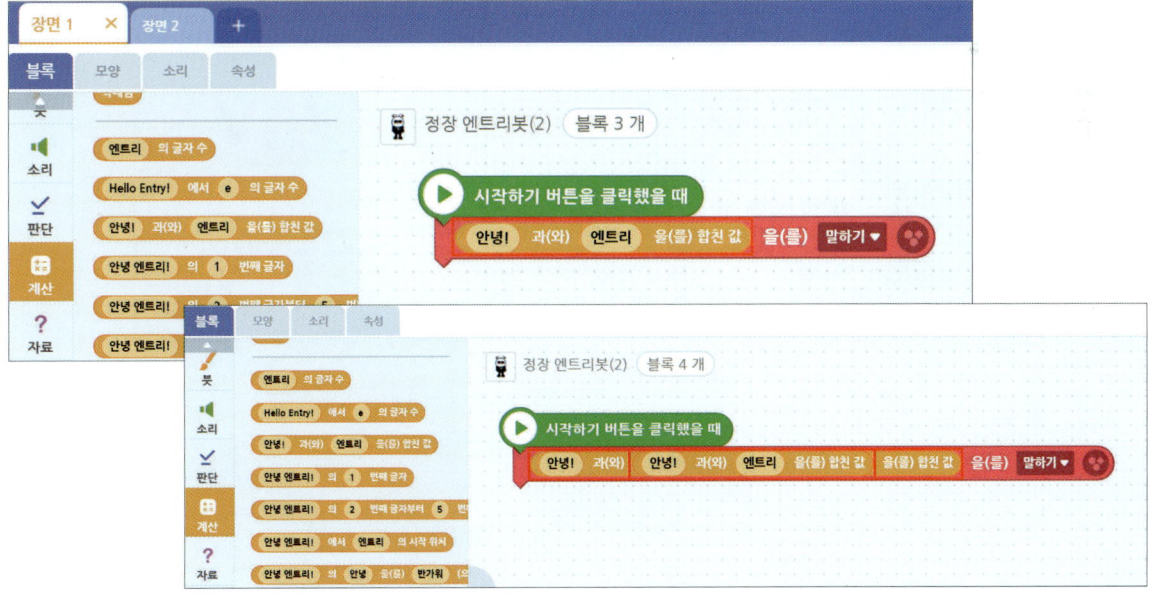

Chapter 20 데이터로 분석한 미세먼지의 습격 • **177**

02 날씨 확장 블록 불러오기

① 첫 번째 안녕! 블록 내용을 '현재 서울 미세먼지 농도는'으로 수정하고 [확장] - [확장 블록 불러오기] 단추를 클릭합니다.

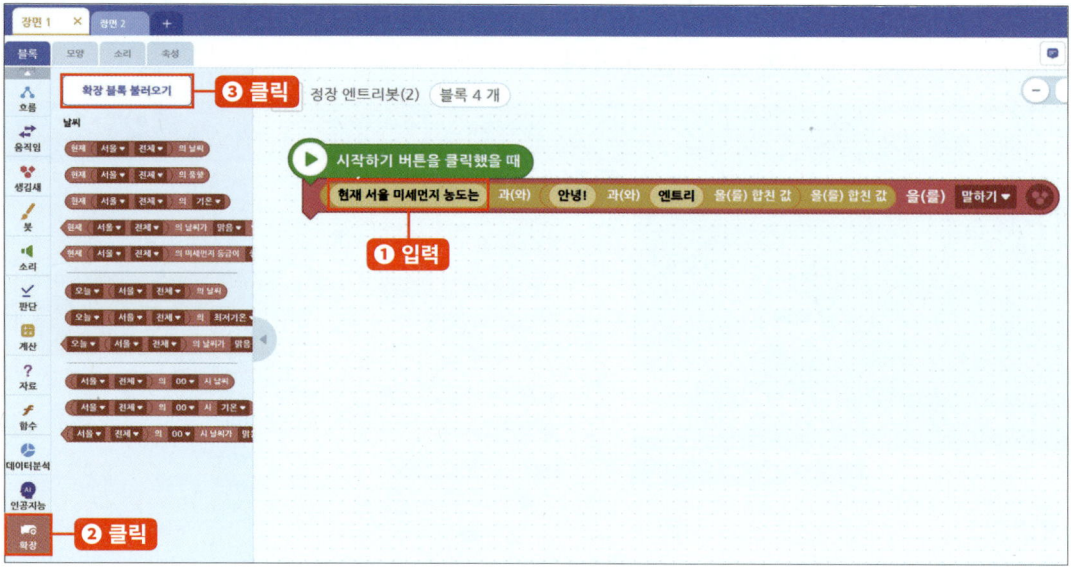

② 확장 블록 불러오기에서 [날씨]를 선택한 후 [불러오기] 단추를 클릭합니다.

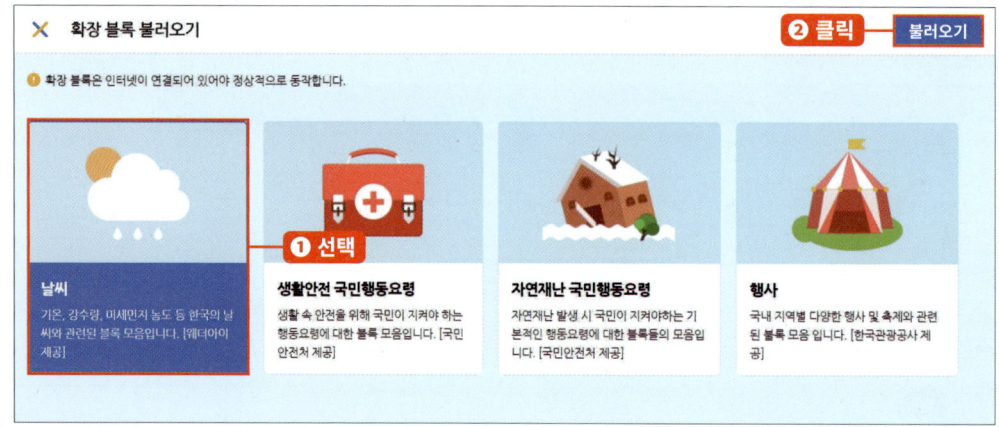

❸ 확장 블록이 나타나면 `현재 [서울▼] [전체▼] 의 [기온▼]` 블록을 두 번째 `안녕!` 블록에 끼워 넣고 [기온]의 [목록 상자](▼) 단추를 클릭하여 [미세먼지농도]를 선택한 후 세 번째 `엔트리` 블록 내용을 '마이크로그램 퍼 세제곱미터입니다.'로 수정합니다.

❹ 작품이 완성되면 '장면 1'을 실행하기 위해 [▶ 시작하기] 단추를 클릭합니다. 그림과 같이 "현재 서울 미세먼지 농도는 63 마이크로그램 퍼 세제곱미터입니다."라는 말풍선이 나타납니다.

> **TIP**
> 현재 미세먼지 농도는 미세먼지 값이 동일하게 제공되지 않고, 현재 미세먼지 농도에 따라 다르게 나타납니다.

03 미세먼지 데이터 분석하기

❶ [장면 2]를 선택하고 [데이터 분석] 오브젝트를 선택한 후 [데이터분석]을 클릭하고 [테이블 불러오기] 단추를 클릭합니다.

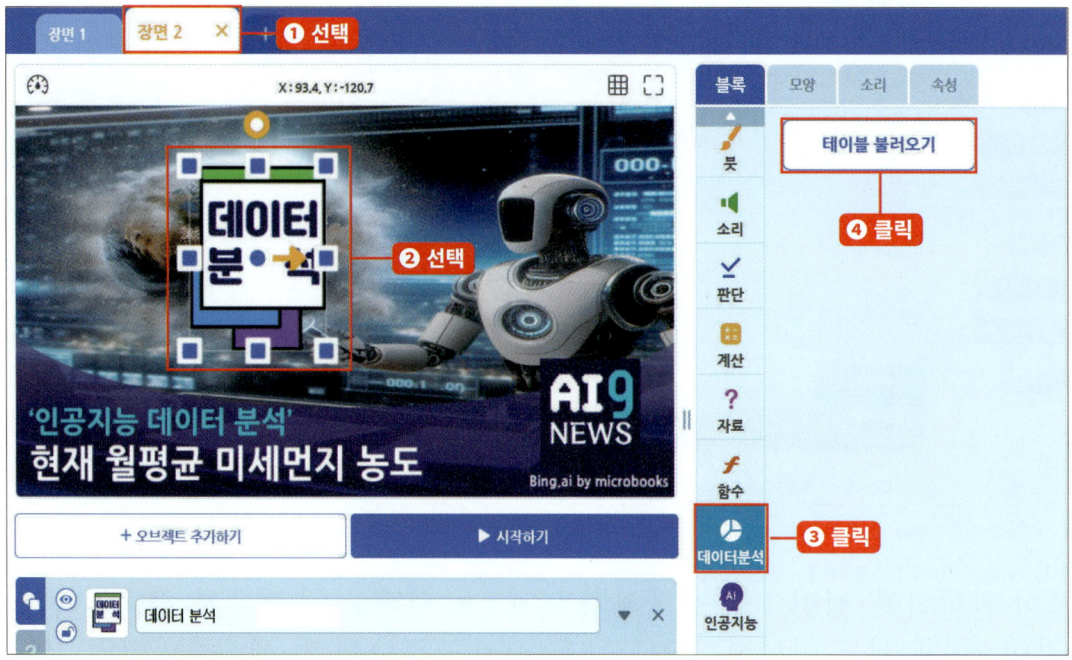

❷ 테이블 불러오기에서 [테이블 추가하기] 단추를 클릭합니다.

❸ 테이블 추가하기에서 [월평균 미세먼지농도]를 선택한 후 [추가하기] 단추를 클릭합니다.

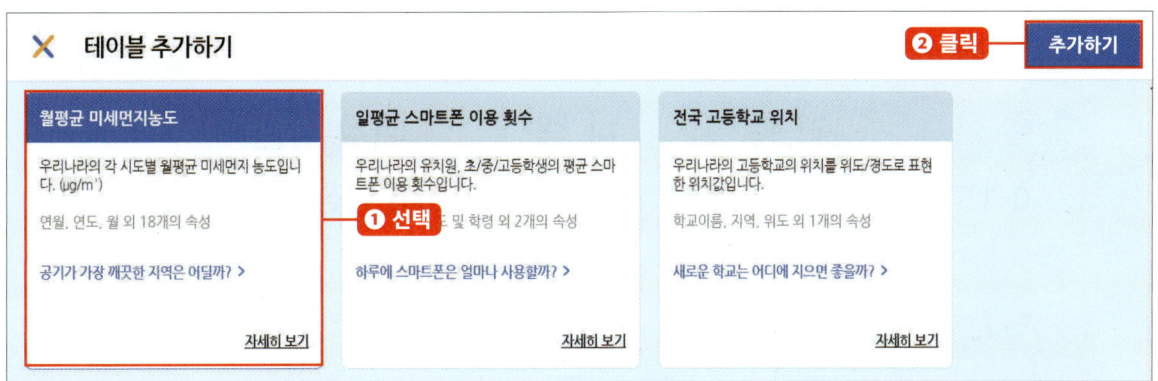

❹ 테이블에서 월평균 미세먼지 농도의 마지막 데이터의 연도와 서울특별시의 미세먼지 농도를 확인한 후 [적용하기] 단추를 클릭합니다.

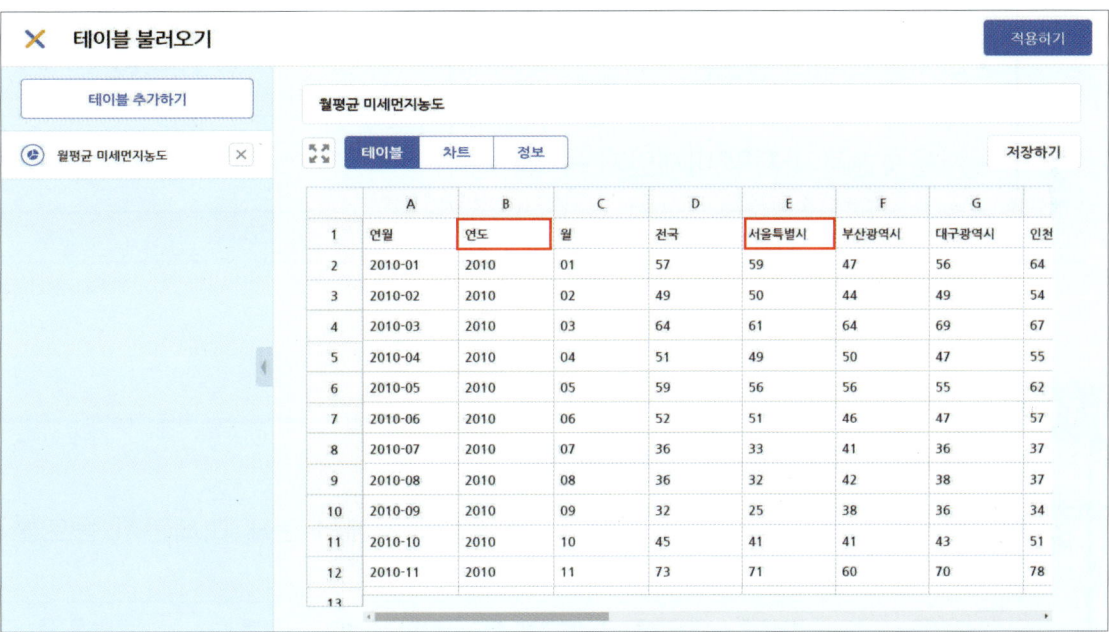

Chapter 20 데이터로 분석한 미세먼지의 습격 • 181

PM 10 미세먼지 기준 수치 비교

미세먼지라고 불리는 PM 10의 4등급을 구별하는 기준은 다음과 같습니다.

좋음	보통	나쁨	매우 나쁨
0-15	16-35	36-75	76 이상 μg/㎥

데이터 수집하기

• 현재 서울 미세먼지 농도는	μg/㎥
• 마지막 데이터 연도는	년
• 서울특별시 마지막 미세먼지 농도는	μg/㎥

TIP 현재 미세먼지 농도 알아보기

에어코리아(https://www.airkorea.or.kr) 홈페이지에서 현재 미세먼지 농도를 확인할 수 있습니다.

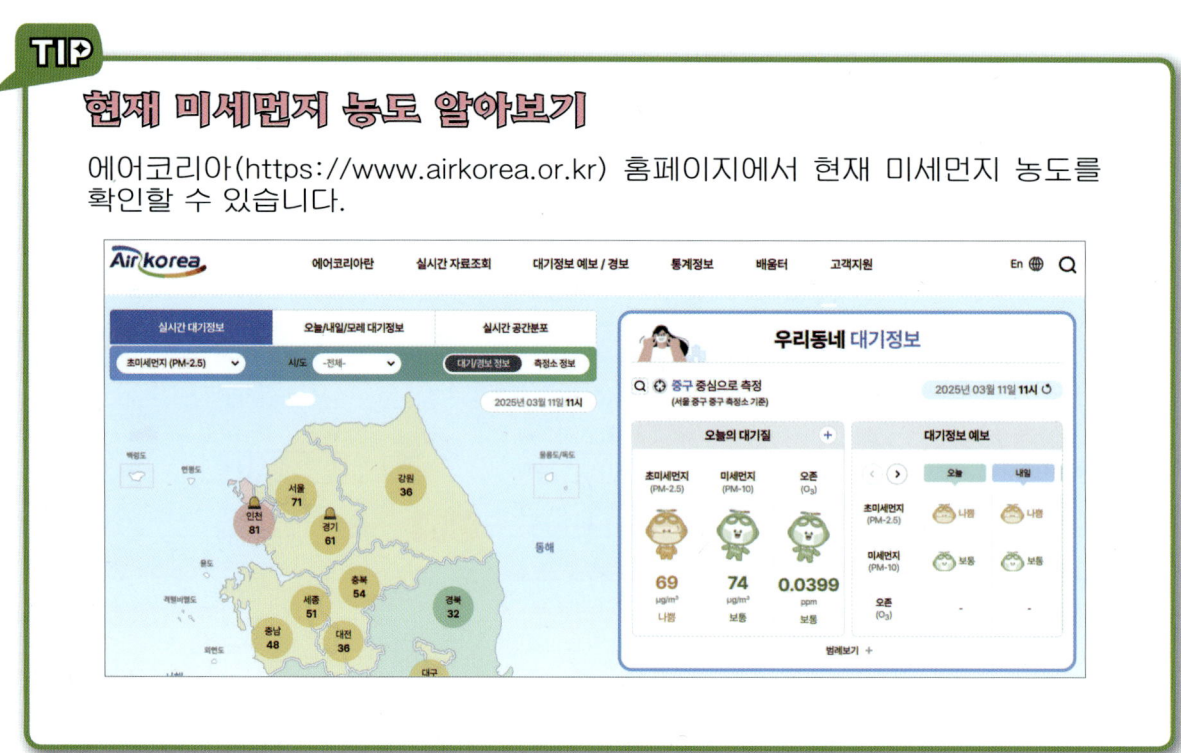

04 데이터 분석 블록으로 데이터 업데이트하기

❶ 데이터 분석 블록이 나타나면 [시작] - `오브젝트를 클릭했을 때` 블록과 [데이터분석] - `테이블 [월평균 미세먼지농도▼] 창 열기` 블록을 연결합니다.

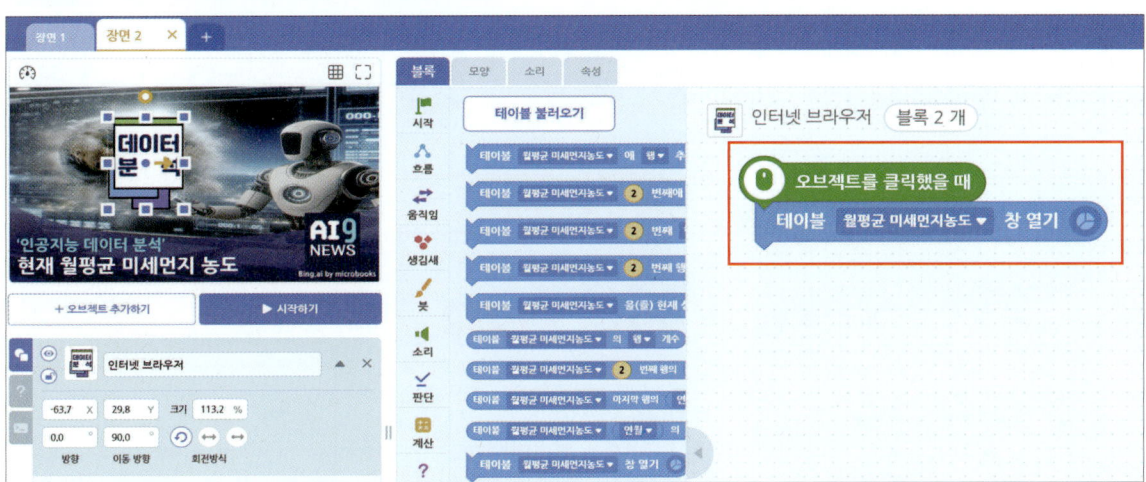

❷ 다시 [시작] - `시작하기 버튼을 클릭했을 때` 블록을 연결한 후 [자료] - [변수 만들기] 단추를 클릭합니다.

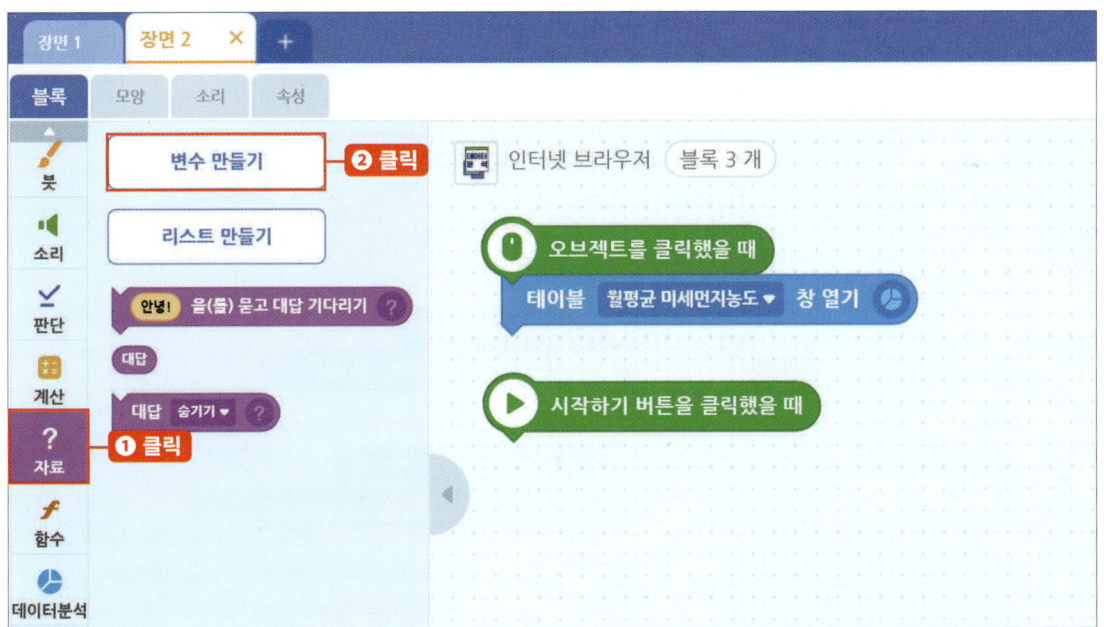

Chapter 20 데이터로 분석한 미세먼지의 습격 • **183**

❸ 변수 이름은 '연도'로 입력하고 [변수 추가] 단추를 클릭합니다. 다시 [변수 추가하기] 단추를 클릭한 후 변수 이름은 '서울특별시'로 입력하고 [변수 추가] 단추를 클릭합니다. 변수 추가하기가 끝나면 [블록] 탭을 클릭합니다.

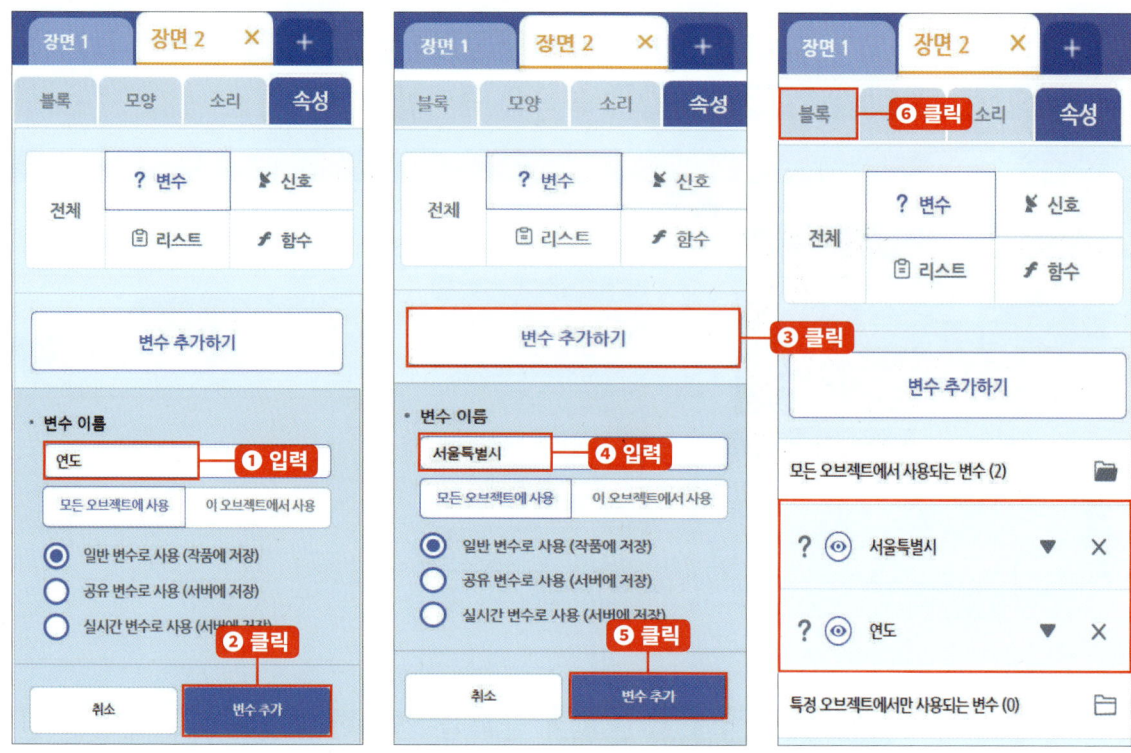

❹ [자료] - [서울특별시▼] 를 10 (으)로 정하기 블록을 연결한 다음 [목록 상자](▼) 단추를 클릭하여 [연도]를 선택합니다.

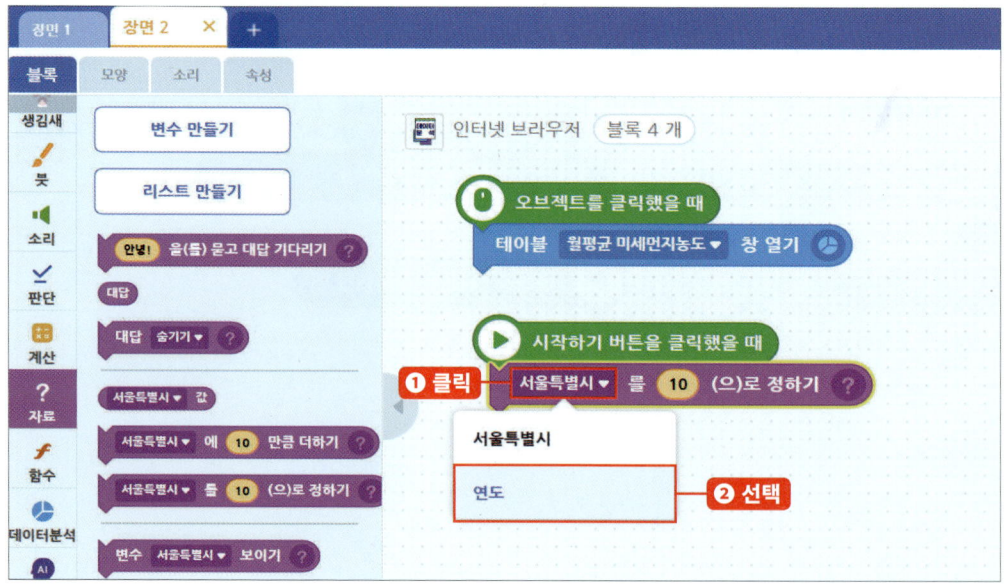

184 • 코딩마불 AI여행

❺ 이어서 [데이터분석] - `테이블 [월평균 미세먼지농도▼] 마지막 행의 [연월▼] 값` 블록을 입력값 `10`에 끼워 넣고 [연월]의 [목록 상자](▼) 단추를 클릭하여 [연도]를 선택합니다.

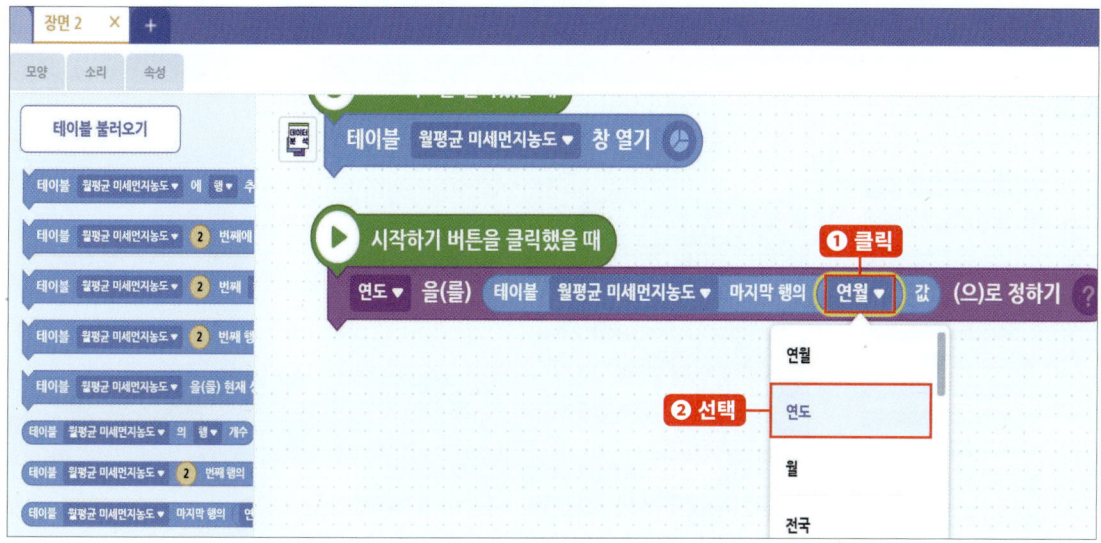

❻ [자료] - `[서울특별시▼]를 10 (으)로 정하기` 블록을 연결하고 [데이터분석] - `테이블 [월평균 미세먼지농도▼] 마지막 행의 [연월▼] 값` 블록을 `10` 블록에 끼워 넣고 [연월]의 [목록 상자](▼) 단추를 클릭하여 [서울특별시]를 선택한 후 `테이블 [월평균 미세먼지농도▼] 에 [행▼] 추가하기` 블록을 연결합니다.

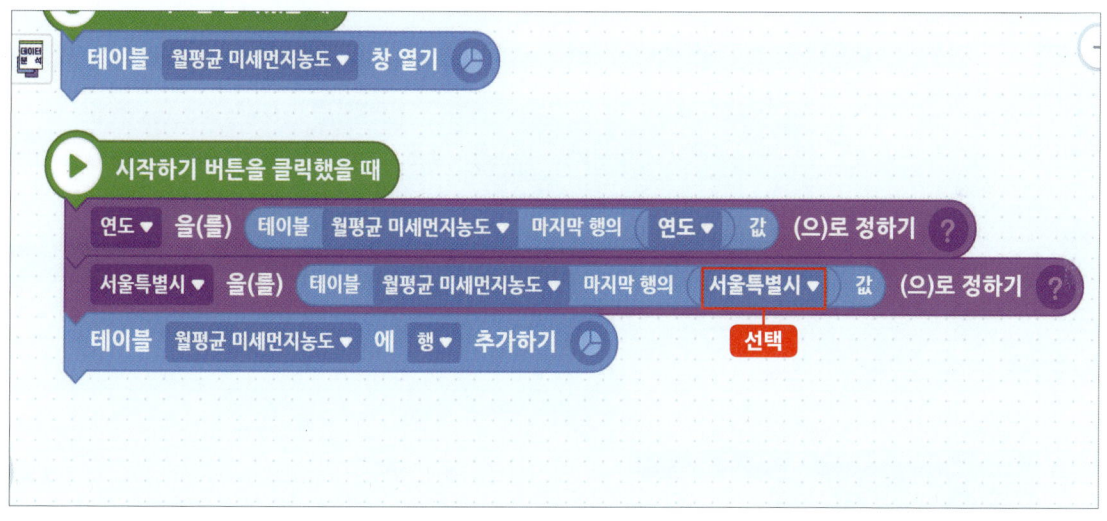

❼ 이어서 [자료] - `[서울특별시▼]에 10 만큼 더하기` 블록을 연결한 다음 [목록 상자] (▼) 단추를 클릭하여 [연도]를 선택하고 입력값은 '4'로 수정한 후 [데이터분석] - `테이블 [월평균 미세먼지농도▼] 2 번째 행의 [연월▼] 을(를) 10 (으)로 바꾸기` 블록을 연결합니다.

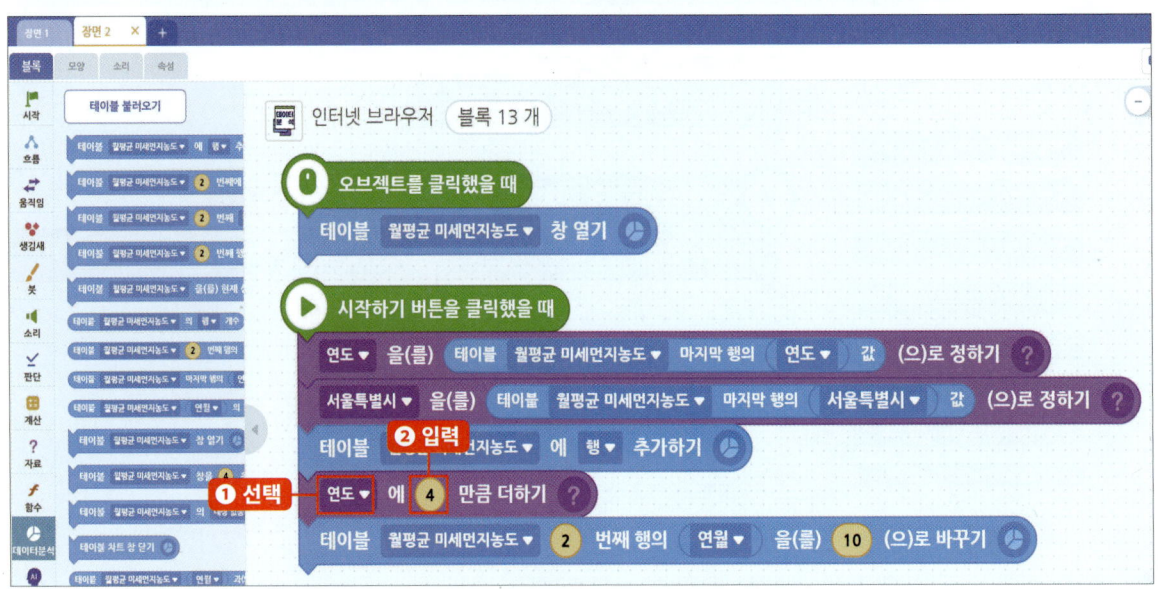

❽ [계산] - `10 + 10` 블록을 첫 번째 입력값에 끼워 넣은 후 [데이터분석]에서 `테이블 [월평균 미세먼지농도▼] 의 [행▼] 개수` 블록을 첫 번째 입력값 블록에 끼워 넣고 두 번째 입력값(1)을 수정합니다.

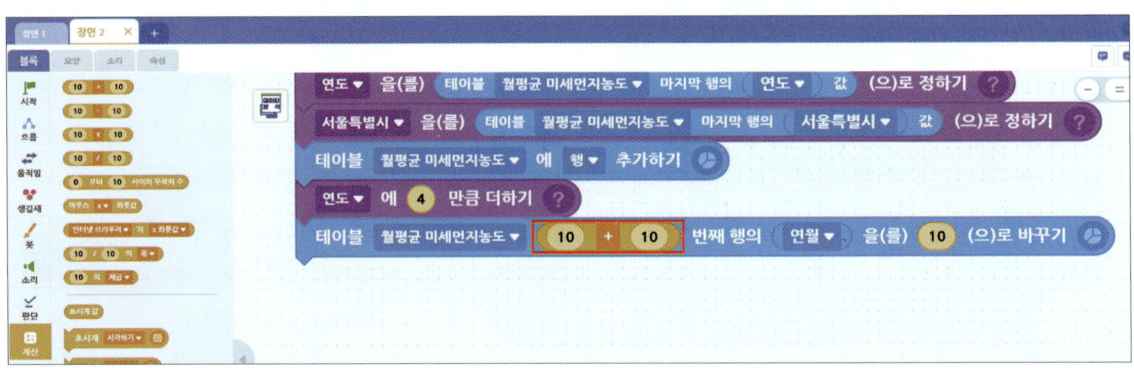

⑨ 이어서 [연월]의 [목록 상자](▼) 단추를 클릭하여 [연도]를 선택한 다음 [자료] - [서울특별시▼] 값 블록을 세 번째 입력값 블록에 끼워 넣고 목록(▼)에서 [연도]를 선택한 후 [서울특별시▼] 을(를) 10 (으)로 정하기 블록을 연결하고 입력값(63)을 수정합니다.

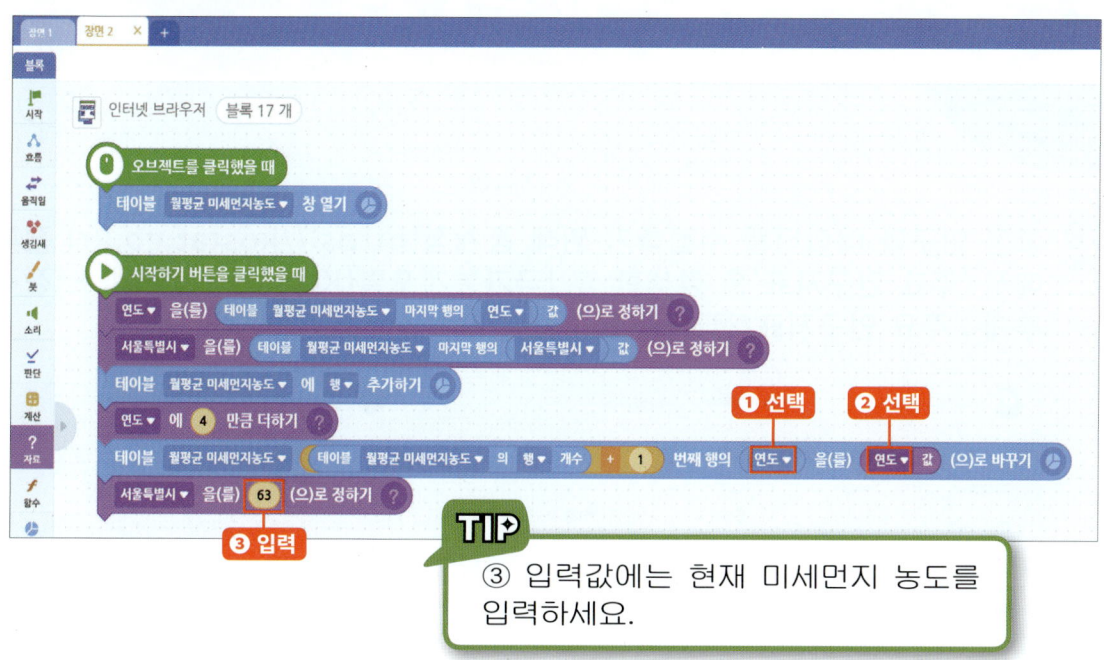

TIP
③ 입력값에는 현재 미세먼지 농도를 입력하세요.

⑩ 작품이 완성되면 [▶ 시작하기] 단추를 클릭하여 업데이트된 연도와 서울특별시 현재 미세먼지 농도를 확인할 수 있습니다.

TIP
실행 화면에서 데이터 분석(데이터 분석) 오브젝트를 누르면 월평균 미세먼지농도 테이블을 볼 수 있습니다.

Chapter 20 데이터로 분석한 미세먼지의 습격 • **187**

AI 메이킹존

1. 고령 인구의 데이터를 수집하기 위해 통계청(https://kostat.go.kr) 홈페이지에서 '주요 인구지표'를 검색한 후 [국가통계포털(KOSIS) 통계표] > [장래인구추계 : 주요 인구지표/전국]을 클릭합니다.

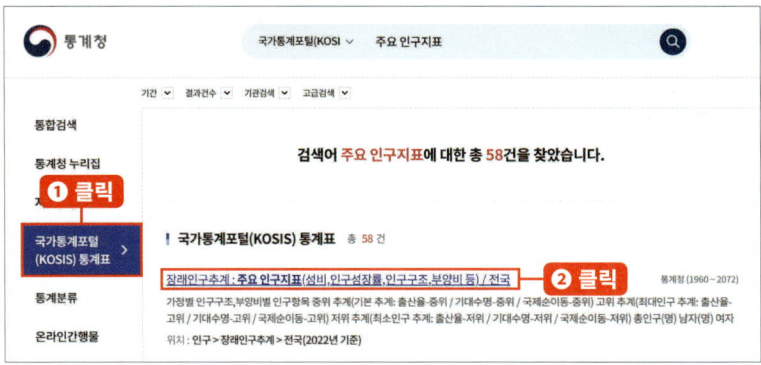

2. 주요 인구지표 데이터에서 2025년도 '구성비(%): 65세 이상'을 확인합니다.

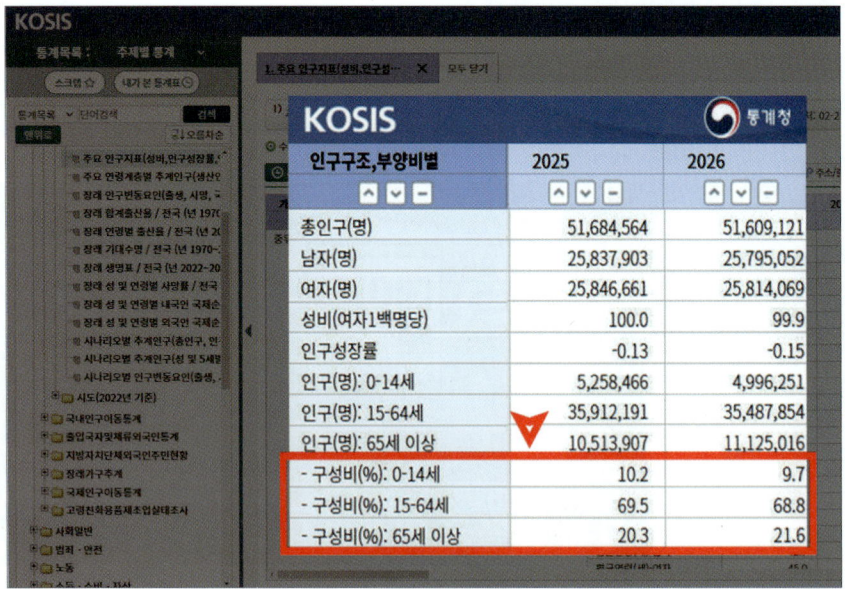

초고령사회란?
유엔(UN)은 총인구 중 만 65세 이상 고령 인구 구성비가 7% 이상이면 고령화 사회, 14% 이상은 고령사회, 20% 이상은 초고령사회로 구분하는데 데이터를 보면 우리 사회가 초고령사회에 도달한 것으로 보입니다.

Chapter 20
인구 구성비 데이터 업데이트

■ **예제 파일** : 20강 초고령사회.ent

3 연령별/계층별 인구 구성비 데이터를 업데이트하기 위해 자료를 수집합니다.

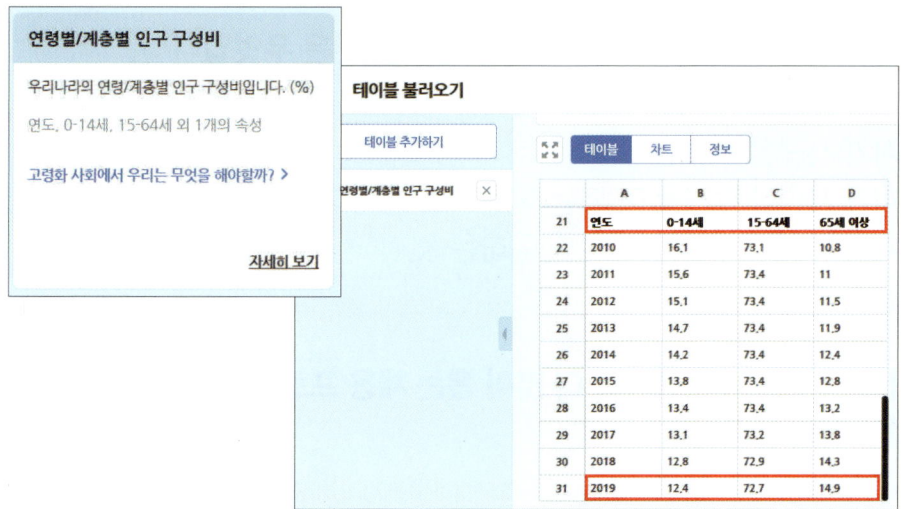

📑 데이터 수집하기

• 마지막 데이터 연도	
• 2025년 구성비(%): 65세 이상은	
• 2019년 구성비(%): 65세 이상은	

4 수집한 자료로 인구 구성비 데이터를 업데이트하는 블록 코딩을 완성해 봅니다.

Chapter 20 데이터로 분석한 미세먼지의 습격 • **189**

AI 개념 진단검사

1교시 **인공지능**

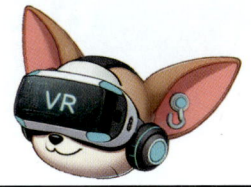

수험번호 (   )   성 명 (   )

1. 인공지능(AI)이 사람을 도울 때 가장 중요한 것은 무엇입니까?
① AI가 스스로 결정을 내리는 것
② AI가 사람을 속이는 것
③ AI가 사람에게 도움이 되는 방식으로 행동하는 것
④ AI가 규칙 없이 마음대로 행동하는 것

2. 만약 AI가 여자보다 남자를 더 많이 뽑는 채용 프로그램을 사용한다면, 이것이 어떤 문제인지?
① AI가 프로세스하게 된다.
② AI가 편향성을 갖는다.
③ AI가 사람보다 더 똑똑하다.
④ AI가 작업을 수행하는 것이 된다.

3. 딥페이크란 무엇인가요?
① AI가 만든 가짜 사진이나 영상을 표시한다.
② 내부에 긴밀한 영상이다.
③ 사람이 직접 만든 진짜 영상이다.
④ 동물이 등장하는 자연 영상이다.

4. 딥페이크가 위험한 이유는 무엇인가요?
① 재미있는 영상을 만들 수 있다는 점이다.
② 사람을 속이는 가짜 영상을 만들 수 있는 활동이기 때문이다.
③ 모든 딥페이크 영상은 진정하기 때문이다.
④ 친구들과 함께 보기 좋기 때문이다.

5. 인공지능(AI)의 할루시네이션이란 무엇입니까?
   ① AI가 영화를 볼 수 있는 것
   ② AI가 사람과 같은 생각하는 것
   ③ AI가 꿈을 꾸는 것
   ④ AI가 실제로 없는 정보를 만드는 것

6. AI가 할루시네이션을 하면 어떤 문제가 생길까요?
   ① AI가 더 똑똑하게 된다.
   ② AI가 더 많은 답변을 제공한다.
   ③ 틀린 정보를 사실처럼 말할 수 있다.
   ④ 모든 정보는 100% 진짜이다.

7. 프롬프트 엔지니어란 무엇을 하는 사람일까요?
   ① AI에게 똑똑한 질문을 해서 좋은 답을 받게 하는 사람
   ② 로봇을 직접 만드는 사람
   ③ 컴퓨터 게임을 개발하는 사람
   ④ AI를 절대 사용하지 않는 사람

8. 다음 보기 이미지를 생성하는데 사용된 최적의 프롬프트는 무엇인가요?

   ① 강아지가 우주로 가는 모습 그려줘.
   ② 잠옷을 입은 남자아이와 강아지 인공지능 로봇이 함께 우주여행을 하는 모습 그려줘.
   ③ 남자아이와 강아지가 우주를 보며 앉아 있는 모습 그려줘.
   ④ 교복을 입은 멋진 남자아이와 강아지가 우주여행을 하는 모습 그려줘.

컴퓨터 타고 환상의 레고 랜드에 놀러가자!

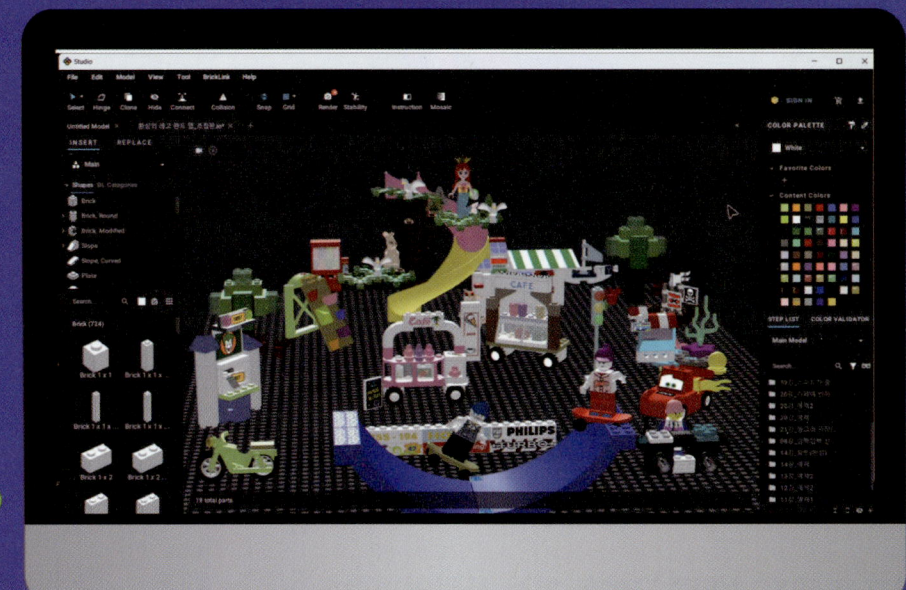

레고 모델 조립
따라 하기만 하면
완성되는 작품!
혼자서도 쉽게
자세한 조립 설명

The 재미있게 즐기는 마이크로콘텐츠 제공

www.microbooks.co.kr